MARIA ANNA LEENEN

Sich Gott aussetzen und standhalten
Eremitisches Leben heute

Maria Anna Leenen

Sich Gott aussetzen und standhalten

Eremitisches Leben heute

Aschendorff Verlag
Münster
2009

Unserem Bruder auf dem eremitischen Weg
in großer Dankbarkeit gewidmet.

Ludwig Kruse (1958–2003)

Inhalt

Vorwort

„Solche, die euch loben, und solche, die euch übel nachreden, werdet ihr immer haben – wie der Herr.

Haltet euch nicht dabei auf, daß manche Leute euch loben. Daß sie das Gute an euch lieben, das liebt an ihnen. Und die euch schmähen, überseht und betet für sie."

Diesen Rat gab ein großer Meister der geistlichen Theologie, Wilhelm von St. Thierry, den Einsiedlern seiner Zeit. Auch damals, im 11. und 12. Jahrhundert, erlebte das eremitische Leben eine neue Blüte. Da gab es auf der einen Seite Begeisterung und Bewunderung für diese „radikale", zu den Wurzeln des Mönchtums strebende Bewegung, Kopfschütteln und Skepsis auf der anderen: „Übertreibung", „Eigenbrötelei" – spiritueller Individualismus würden wir sagen. Kleinlichkeit und Trägheit, die das religiöse Leben, das Leben mit Gott, am liebsten auf das festschreiben würden, was für bürgerliche, „vernünftige" Maßstäbe erträglich scheint, leugnen die Freiheit der Gnade. Naive Faszination aber, ohne zumindest dem Gedanken Raum zu geben, dass die Nähe zu Gott über das Kreuz führt und dass dieses vielleicht in einer Gestalt kommt, in der man es nicht vermutet, birgt die Gefahr der Selbstüberschätzung und der geistlichen Überheblichkeit. Dies schrieb Wilhelm den Einsiedlern, wie „ihren Lobrednern und Verleumdern“ gewissermaßen ins Stammbuch. Manche mag es überraschen: Sein Brief über das geistliche Leben, ursprünglich geschrieben an Eremiten, blieb jedoch in seiner Wirkungsgeschichte nicht auf diese Gruppe beschränkt, im Gegenteil: er wurde rasch zu einem Grundlagentext christlicher Spiritualität überhaupt.

Auch heute erleben wir einen neuen Aufbruch des eremitischen Lebens – mit recht verschiedenen Phänomenen und all den Unsicherheiten in der Einschätzung von außen.

Eremitische Spiritualität – was ist das? Gibt es eine „allgemein“ formulierbare geistliche Grundgestalt dieses „solitären“ Lebens? Oder ist hier jeder und jede ein so besonderes Exemplar der Gattung, dass er geradezu seine eigene Spezies bildet? So individuell und unvergleichbar, dass man mit einem Bonmot gesagt hat: das, was *einem* Eremiten am wenigsten gleicht, sei ein *anderer* Eremit?

Maria Anna Leenen, die selbst bereits viele Jahre als Eremitin in der Diözese Osnabrück lebt, will mit diesem Buch auf Fragen antworten – aber vielleicht mehr noch: gängige Positionen hinterfragen. Sie tut dies ganz bewusst im Rückgriff auf eine „objektive“ Formulierung: auf die „Koordinaten“ eremitischen Lebens, wie sie im Rechtsbuch der Katholischen Kirche kurz und bündig stehen: Einsamkeit, Buße, Schweigen, Gebet. Kurz und bündig, gewissermaßen ein paar Leitplanken – und hinter jedem Wort eine gewaltige Herausforderung. Nicht nur für die zum eremitischen Leben Berufenen, sondern für jeden Christen, ja in einer bestimmten Dimension für jeden Menschen.

Denn im eremitischen Leben stellen sich tagtäglich unausweichlich die Fragen, die für gewöhnlich hinter der alltäglichen Geschäftigkeit verborgen bleiben, ja, nicht selten sorgsam ausgeblendet werden – bis vielleicht ein einschneidendes Erlebnis wie ein Blitz für einen Augenblick den Horizont aufreisst und Abgründe ausleuchtet: Was ist denn eigentlich die „Welt" für mich? Was bedeuten meine Mitmenschen für mein Leben? Was ist Liebe? Was passiert beim Sterben? Bin ich letzten Endes allein – oder doch getragen? Bin ich soweit ganz okay – oder doch nicht? Wo finde ich Gott? Und wie weiß ich, dass ich mir dabei nicht etwas vormache?

Homo viator – Pilger ist jeder Mensch, nirgends in dieser Welt ganz zu Hause. Dieser „Fremdheit" nicht auszuweichen, den „Gast-Status", das „Pilger-Sein" und damit die Einsamkeit als „Heimweh nach Gott" bewusst anzunehmen, gehört zur eremitischen Spiritualität seit ihren Anfängen.

Die Autorin lenkt dabei den Blick auf Lebenssituationen, gespiegelt in aktuellen Zeitungsmeldungen und in moderner Literatur, die auf den ersten Blick mit dem eremitischen Leben scheinbar kaum etwas zu tun haben. Wohl aber auf den zweiten Blick – den Blick, den man vielleicht gerade durch eine bestimmte „Einsamkeit" gewinnt. Wer sich im Licht Gottes sich selbst stellt, sieht von der Welt und den Menschen nicht weniger, sondern mehr ... eine alte, eremitische Weisheit.

An diesem Blick, der unverkennbar durch ihre persönliche Erfahrung geformt ist, lässt Maria Anna Leenen ihre Leser teilnehmen. So kann man eine frappierende Verflechtung entdecken: zwischen der zunächst völlig außergewöhnlich erscheinenden eremitischen Lebensweise einerseits, die auf viele Jahrhunderte Erfahrungen zurückblickt und den untergründig präsenten Erfahrungen zeitgenössischen Lebensgefühls.

Damit gleicht das vorliegende Buch einem Tau aus drei Seilen: Die wache und engagierte Wahrnehmung der Weltwirklichkeit, voll leidenschaftlicher Sympathie, geschieht aus der persönlichen geistlichen Erfahrung heraus, diese aber ist wiederum gewachsen im Kontext der uralten Grundkomponenten eremitischer Spiritualität. Dies gibt dem Buch seine unverwechselbare Farbe.

Gewiss wird mit Einsamkeit, Schweigen, Buße, Gebet jeder dazu Berufene eigene Erfahrungen machen – nein, besser gesagt: wird seinen Weg geführt werden. Um Erfahrungen, zu denen auch das Ausbleiben von Erfahrungen gehört, auf diesem geistlichen Weg einschätzen zu lernen, bedarf es der Kriterien. Und gerade dies dürfte selbst die wichtigste Erkenntnis sein, welche die Wüstenväter und -mütter aller Jahrhunderte weiterzugeben hatten: Dass tragfähiger als alle subjektiven Erfahrungen und diese unterfangend der „nüchterne" Glaube ist – der Glaube an die Liebe Gottes und das entschlossene Ja zu dieser persönlichen Beziehung. Daran lässt die Autorin keinen Zweifel: Die Klause wählt man weder als einen Ort friedlicher Idylle, noch als einen Kerker der Selbstdisziplin. Man wählt sie nicht, um spirituelle Erfahrungen zu machen, sondern dann, wenn man im Glauben überzeugt ist, auf diesen Weg der Nachfolge Christi gerufen zu sein.

Marianne Schlosser, Wien

Einführung

Wie Quellwasser aus trockenem Boden ist seit einigen Jahrzehnten ein deutlicher Aufbruch des eremitischen Lebens in den westlichen Ländern zu spüren. Ein verblüffender Tatbestand, der viele Gläubige nicht wenig irritiert.

Denn: Einsiedler? Sind das nicht diese weltfremden Exoten, die ein frommes Mäntelchen um ihre spirituellen Vorlieben hängen und sich als erhaben dünken über die Niedrigkeiten der Mühsal von Gemeinschaft in Kloster und Welt?

Die Begriffe Einsiedler, Eremit, Anachoret, Klausner lösen schnell bestimmte Bilder aus, die – seltsam? in einer Wissensgesellschaft mit medialer Überpräsenz – kaum hinterfragt werden. Bei den einen gelten Eremiten als aller Sorgen enthobene Bewohner von Felsental und Bergidylle, den anderen imponiert die Leistung dieser vermeintlich höher zu bewertenden asketischen Radikalität, die scheinbar die natürlichen Bedürfnisse des Menschen ignorieren kann. Schon in der Frühzeit der Kirche erscheinen diese Klischees und erweisen sich als ungemein hartnäckig. Als einer der ersten Belege für den verklärten Blick auf das Leben als Eremit gilt der Brief des Kirchenlehrers Hieronymus (347–419) an seinen Freund Heliodoros, Bischof von Trikka. Ekstatisch preist er das Leben in der Wüste: „O verlassene Stätte, in der man sich des vertrauten Umgangs mit Gott erfreut! Was willst du, mein Bruder, in der Welt, der du erhaben über der Welt stehst?"[1] Und in seinem (fiktiven!) Leben des heiligen Paulus des ersten Einsiedlers, malt Hieronymus das Bild des selig betenden Eremiten breit aus, der an einer klaren Quelle lebt und dem ein Rabe das tägliche Brot bringt.

„Das idealisierende Bild von der Wüste und einem Leben in Zurückgezogenheit und Stille, wie Hieronymus es wiedergibt, bleibt für Jahrhunderte programmatisch – bis in die Kunst und Literatur, wo es immer wieder dargestellt und festgehalten wird."[2]

Auch bei Eucherius von Lyon (380–449) findet sich in seiner Rede auf die Eremiten (De laude eremi) ein jubelndes Loblied, das für heute lebende Eremiten so nicht mehr stimmen kann. „Die Wüste könnte man zu Recht den grenzenlosen Tempel unseres Gottes nennen. Hier ist der Ort, wo Gott wirklich weilt."[3] – Die Wüste ist der Ort, wo Gott wirklich weilt?

Bis in die Vorstellungen der Menschen zu Beginn des 3. Jahrtausend haben sich diese Bilder gehalten. Viele Schwestern und Brüder auf dem eremitischen Weg können ein Lied davon singen: Gespräche mit Interessenten, Anfragen, Zeitungsberichte, Buchpublikationen und Dokumentationen im Fernsehen legten im Laufe der letzten Jahre ein beredtes, manchmal erschreckendes, manchmal verblüffend witziges Zeugnis davon ab.

Das vorliegende Buch ist keine grundsätzliche Abhandlung über den weiten Raum der eremitischen Spiritualität. Es sind Gedanken und Reflexionen über diese Lebensform, die sozusagen von innen her versuchen, Wesenselemente zu beschreiben. Sie versuchen vor allem deutlich zu machen, dass der Eremit nicht in der seligen Paralleldimension einer Welt entrückten Idylle lebt, sondern in Verbundenheit, ja in einer tiefen Verflochtenheit mit der Kirche im Besonderen, aber auch mit der ganzen Welt. Die eigenen Erfahrungen der letzten 15 Jahre und der fruchtbare Austausch mit den Schwestern und Brüdern ließ dabei nicht nur die spannende und überraschende Bandbreite der persönlichen Ausgestaltung dieser Lebensform aufleuchten. Er ließ vor allem sichtbar werden, dass im geistlichen Leben dieser so individuellen Einzelberufung etwas aufblitzt von dem, was allem christlichen Leben zu Grunde liegt.

Maria Anna Leenen, Diözesaneremitin

1. Einsamkeit

O du selige Einsamkeit?

Sie ist für die meisten Menschen eine Palette mit ausschließlich dunklen Farben. Mit beängstigend dunklen Farben. Einsamkeit ist gefürchtet. Doch manche Menschen suchen mit aller Kraft nach ihr. Patrick Süskind beschreibt in seinem Roman „Das Parfüm“ einen solchen Menschen. Jean-Baptiste Grenouille ersehnt verzweifelt die Abgeschiedenheit, die absolute Einsamkeit, die totale Menschenferne. Süskinds „Held“ ist das Kind ohne Geruch, aber mit ausgeprägtem, ja exorbitanten Sensus für Düfte, Aromen und jeglich nur vorstellbarer Gerüche. Ein partiell außergewöhnlich begabtes Kind – das aber nicht riecht, keinen typisch menschlichen Duft an sich trägt. Und dieses Defizit urmenschlichen Erkennungszeichens wird ihm zum Verhängnis. Von einer harten Hand zur anderen wird der geruchlose Bastard weitergereicht – nein, verächtlich geworfen und erwählt fast logisch die Distanz zur alles bestimmenden Maxime. Einsamkeit als innere Rahmenbedingung um überleben zu können! Er zieht aus in die weiten menschenleeren Gegenden des Zentralmassivs der Auvergne. Ein natürlicher Stollen wird Aufenthaltsort, mehr Gruft als Klause. Als Grenouille in den dunklen steinernen Tunnel hineinkriecht, riecht er sofort, dass noch kein lebendiges

Wesen hier gewesen ist. Er nimmt den Platz in Besitz und erschauert dabei vor heiliger Scheu. Er breitet seine Pferdedecke auf dem Boden aus, als würde er einen Altar bedecken. Er fühlt sich himmlisch wohl. Fünfzig Meter tief unter der Erde liegt er allein im einsamsten Berg Frankreichs. Es ist ihm, als läge er in seinem eigenen Grab. Noch nie im Leben hat er sich so sicher gefühlt. Mit Gott aber hat er nicht das geringste im Sinn. Er büßt nicht und wartet auf keine höhere Eingebung. „Nur zu seinem eigenen, einzigen Vergnügen hatte er sich zurückgezogen, nur, um sich nahe zu sein. Er badete in seiner eigenen, durch nichts mehr abgelenkten Existenz.“[4]

Die vollkommene Menschenleere, die totale Isolation als Rückzugsmöglichkeit, als Fluchtburg und Refugium, als letzter, verzweifelter Versuch, eine erträgliche Art von Gemeinschaft zu finden. Eine Gemeinschaft ausschließlich mit sich selbst.

Einsamkeitserfahrungen gehören zu den anthropologischen Konstanten. Sie belegen in der Rangfolge der existenziellen Koordinaten menschlichen Lebens die ersten Plätze. Und sie lösen Ängste aus, die das Fundament einer sorgfältig geschützten Identität untergraben, das Gerüst behüteter Weltsicht zerstören können.

Thomas Wolfe schildert in seinem fast lyrischen Text „Mein Onkel Bascom“ den Zustand eines Menschen, den eine lebenslange, verzweifelte Suche durch verschiedene christliche Glaubensgemeinschaften zerrt. Das verschrobene Genie Bascom Hawkes, unfähig, wirklich zu vertrauen, wird zum Schluss Agnostiker. Die Suche nach Sinn quält ihn, seine Einsamkeit ist gallebittere Folge der kaum eingestandenen Erkenntnis, nie wirklich geliebt zu haben, ist qualvolle Unfähigkeit, barmherzig zu sein, ist das peinigende Unvermögen, sich Leben schenken zu lassen. In stillen Stunden sieht Bascom Hawkes aus den ungeheuren, zeitlosen Himmeln seiner Verlassenheit riesige Phantome der Furcht und Grausamkeit hervorquellen. Sie schweben über ihm und verdunkeln die Lichter der verlassenen kleinen Städte seiner Welt. Bascom glaubt, nie wieder werden Freude und Vertrauen auf Erden herrschen, Tod und Wahnsinn werden für immer in seinem Geist wohnen. Da er den Glauben an Gott verloren hat, sucht er nun verzweifelt den Glauben an den Menschen. Er träumt von einem Vater auf Erden, von einem Menschen, der ihm an Kraft, Weisheit und Alter überlegen ist und dem er die Last seiner übermäßig beladenen Seele beichten kann. Von dem er auch einen weisen Rat, ein Heilmittel gegen diese verzehrende Seuche erhoffen darf. Aber diesen Menschen findet er nicht. Und im Grunde weiß er, dass es einen solchen Arzt und Beichtvater nicht gibt. Die Falle ist zugeschnappt. Er kann die böse Last seiner Seele nicht beichten, er muß den Kelch menschlicher Einsamkeit trinken. Bis zur Neige.

Marcus Tullius Cicero (106–43 v. Chr.), römischer Staatsmann und vollendeter Redner, hätte verständnisvoll genickt, wäre ihm die Geschichte von Bascom Hawkes zu Ohren gekommen. Einsamkeit bedeutete in der Antike den sozialen Tod; das Allein-Sein war dem sprachgewandten Staatsmann wie allen im griechisch-römischen Kulturkreis der strikt zu verwerfende Gegenentwurf zum Leben in Gesellschaft und Freundeskreis. Nicht umsonst gehörte die Verbannung bis weit in die ersten Jahrhunderte nach Christus zu den härtesten Gerichtsurteilen. Sie galt als Ersatz für die Todesstrafe. Ohne vielfältige menschliche und kulturelle Beziehungen glaubte der Mensch der griechischen Polis oder der römischen Republik sich in ein asoziales Monster zu verwandeln – ähnlich dem Kyklopen Polyphem, der die Begleiter des Odysseus auf ungastlichste Weise verschlang.

Faszination und Bedrohung

Ob Cicero die Exodusgeschichte kannte? Mehr als tausend Jahre vor seiner Geburt hatte der Auszug des ganzen Volkes Israel aus der Sklaverei Ägyptens stattgefunden: Männer, Frauen und Kinder samt einer großen Menge Rinder, Ziegen und Schafe; im Gepäck nicht nur die Backschüsseln mit ungesäuertem Teig – der Aufbruch war hastig –, eingewickelt in ihre Kleider, auch Gold und Silber, ausgeliehen vom Nachbarn in der Absicht, es nie zurückzugeben. Mit ihnen zog ein „Haufen anderer Leute", die im Wort des Mose und Aaron eine gute Gelegenheit witterten, der Knute Ägyptens zu entfliehen.

Mühsam muss er gewesen sein, der Weg durch Steppe und Sand. Sengende Hitze, müde Kinder, Vieh, das rasten will und keinen Schritt mehr weiter geht. Vor den Augen ein unendlicher Weg in die ungewisse Zukunft, im Nacken die Angst vor Verfolgung, Tod durch Hunger und Wassermangel, Skorpione, Schlangen. Umgeben von der überwältigenden Kulisse der Wüste Zin wandern, schleppen, pilgern sie hin zu dem schmalen Streifen am Meer, der ihnen – jetzt noch verborgen, aber doch schon erahnt – als Heimat verheißen und zugleich weit in die Zukunft weisender, zeichenhafter Ort des Heiles ist für alle Menschen. Unerheblich dabei, ob exegetisch sicher von zweien oder doch nur von einer Auswanderergruppe gesprochen werden kann und dass der Weg der Mosegruppe immer noch nicht genau zu lokalisieren ist. In dieser unendlich einsamen Landschaft, in der die flirrende Hitze alle Konturen verwischt, scheinen Zeit und Raum und Wirklichkeit aufgehoben. Ein paar tausend Menschen? Eine große Menge Vieh? Tropfen am Eimer, Stäubchen auf der Waage! Und doch: Wie von einer unerbittlichen Kraft gelenkt und getrieben, schiebt sich der gewaltige Pulk seinem Ziel entgegen. Auf Umwegen, denn Gott kennt ihren unbeständigen, wankelmütigen Sinn. Tauchen Schwierigkeiten auf, werden sie prompt bereuen, diesem Mose gefolgt zu sein. Die Zeiten der Gottesnähe, der selig das Herz zusammenzucken lassenden Erfahrung seiner unglaublichen Hilfe sind vergessen, wenn der nächste Wassermangel droht.

Die Schrift spricht von vierzig Jahren der Wanderschaft, Ausdruck für die Zeit harter Erprobung und lang andauernder Schulung unter den Augen Gottes. Inklusive der periodisch auftauchenden Möglichkeiten sich seiner Führung zu verweigern. Schmerzhaft ist es zu erkennen, wie leicht Gott zugejubelt wird, wenn alles reibungslos klappt und die Aufbruchsstimmung trägt. Wenn die Wirklichkeit glänzt und schattenlos strahlt, weil zwischen der eigenen Vorstellung und dem Willen des Herrn kein Abstand zu sein scheint. Ägyptens Fleischtöpfe aber waren und bleiben lange eine unwiderstehliche Verlockung. Doch die Zeit, von Franz Werfel, dem österreichischen Schriftsteller (1890–1945) einmal „die schärfste Säure, das Königswasser" geistlicher Prozesse genannt, wird die unedlen von den edlen Motiven trennen.

Die Erinnerung an den Wüstenzug hallt laut in der gesamten Heiligen Schrift wieder. Psalm 95 spricht deutlich: „Verhärtet nicht euer Herz wie zu Meriba (Haderwasser), wie am Tage von Massa (Versuchung). Dort haben mich eure Väter versucht, auf die Probe gestellt, obschon sie mein Walten geschaut. Vierzig Jahre ekelte mir vor diesem Geschlecht ...", wie es Alfons Deissler sehr prägnant in seinem Psalmenkommentar übersetzte.[6] So wird die Wüste zur Schmiede. Die Befreiung aus Ägypten und der Weg ins Gelobte Land durch Einsamkeit und Bedrängnis werden zu Bild und Vorentwurf unserer Erlösung. Und damit zugleich zu einer Wesensaussage über Gott, an dessen Heilswillen die murrende Unverständigkeit des Menschen verbrennt und zerstäubt wie das pulverisierte goldene Kalb, dass Mose den Seinen als Strafe für den Götzendienst in Wasser gemischt zu trinken gibt. Und zu einer Aussage über den widerspenstigen Trotz seines Geschöpfes, das zu retten Gott nicht lassen kann und das sich doch ständig von neuem aus seiner sorgenden Hand zu entwinden müssen glaubt.

In der mündlichen Überlieferung wie der späteren Tradierung auf Pergament und Papier wird die Wüstenwanderung zur einem für Jahrtausende geltenden Beispiel, das Mut und Kraft schenkt; der Exodus des Volkes Israel wird zum Topos. Bis heute spricht die Stimme des Alten Testamentes von der Wüste und erzählt dem Menschen damit von einem Ausgesetzt-Sein in lebensfeindlicher Landschaft. Ausgesetzt einer existentiellen Herausforderung, die zu bestehen die ganze Kraft des Einzelnen wie der Gemeinschaft braucht. Ausgesetzt einer Einsamkeit, die das In-die-Welt-geworfen-Sein des Menschen mit feinstem Skalpell freilegt. Nicht die endlose Landschaft aus Steppe, Sand und windzerriebenen

Felsen, nicht die Menschenleere macht diese Einsamkeit aus. Die geografische Landschaft ist der Spiegel für den inneren Ort im Menschen, an dem er unausweichlich um den Verlust der paradiesischen Gemeinschaft mit Gott weiß. Zu diesem inneren Ort ist der Eremit unterwegs. Mit Macht gezogen lässt er sich ein auf die endlos scheinenden Serpentinen hin zum zentralen, innersten Punkt eines jeden Menschenherzen. Angetrieben von unstillbarer Sehnsucht, Gott zu schauen wie er ist, die selige Gemeinschaft mit ihm wiederzufinden, egal wie lang der Weg auch dauern mag.

Ungesichert und voll Heimweh

Für viele heute lebende Einsiedler und Einsiedlerinnen haben einschneidende Erfahrungen oder schmerzhafte Brüche den extravagant aufgetakelten Theatervorhang der Welt urplötzlich an einer Stelle durchsichtig werden lassen. Ein Ruf wurde wahrgenommen, der so alt ist wie die Beziehung zwischen Gott und Mensch, ja, wie zwischen Gott und Schöpfung. Ein Herz betörendes Rufen, ein Verführen, eine Offenbarung. Dieser Ruf ist keine Einladung zu einem Schäferstündchen, sondern eine Weisung, die an den Einzelnen ergeht und die abzulehnen einem den Verstand und das Herz veröden lassen würde. Eine Weisung, die eher einer drängenden Mahnung gleicht, sich endlich denen anzuschließen, die sich seit dem Exodus des Volkes Israel aufgemacht haben, allein die Wüste zu durchwandern. Als Spur im Sand nur die Gewissheit der völligen Ungesichertheit des Menschen in diesem Land der verschwimmenden Konturen; im Herzen das leise zaghafte Vertrauen, dass das Wort des Herrn – hoffentlich! – der verlässlichere Kompass ist.

Für den katholischen Philosophen Peter Wust (1884–1940) war dieses Ungesichertsein, diese „Insecuritas humana“ konstitutiv für die menschliche Existenz. Selber schmerzhaft darunter leidend, begriff er sie trotzdem als Raum der Freiheit, als Spielraum für Wagnis und Entscheidung.

In einem Brief an einen Freund schreibt er Ostermontag 1937 im Alter von 53 Jahren über seine Situation. Die kurzen Zeilen vermitteln eine existentielle Bedrängnis nicht nur im Wortinhalt. Auch die Textstruktur macht seine Last deutlich. Mitten in der plaudernden Erinnerung an Besuche und alte, gemeinsame Freunde, zwischen Anmerkungen bezüglich eines neuen Buchprojektes bricht es plötzlich aus ihm heraus, wie sehr dieses Leben der äußersten geistigen Einsamkeit quält. Unerträglich erscheint es ihm. Wust schreibt, der tiefste Grund aller menschlichen Einsamkeit sei das Heimweh nach Gott, das unstillbare Heimweh nach dem „summum bonum“. Ewigkeitsdurst hätten wir, quälenden Ewigkeitsdurst. „Und jeder Trunk aus den Quellen endlicher Freuden macht den Brand unserer Kehlen nur noch grimmiger, schmerzlicher. Alles Irdische ist wie eine salzige Tinktur ...“[7]

Dieses Heimweh nach Gott beleuchtet das völlige Ungenügen der irdischen Dinge mit einem scharfen Licht – einschließlich des Ungenügens aller vielfältigen Gemeinschaftsformen unterschiedlicher Intensität mit den Menschen. Jeder ist letztlich einsam. Und auch die gute Ehe, der stützende Freundeskreis oder die liebevolle Klostergemeinschaft können diese letzte Einsamkeit des Menschen nicht auflösen. Eremiten wissen das. Sie erfahren es – manchmal täglich – immer wieder neu. Dabei ist die Einsamkeit in dieser Lebensform kein Zustand, der passiv erduldet werden muss. Sie ist leidvoll, schmerzhaft und belastet manchmal bis an die Grenzen der Kraft. Aber sie ist Handlung! Sie ist eine aktive und bewusste Wahrnehmung einer alle Menschen betreffenden Grundkonstante des Daseins. Mit ihr spürt der Eremit wachsam der unleugbaren Tatsache nach, dass Mensch sein bedeutet in die Welt geworfen zu sein. Indem er so die grundsätzliche Einsamkeit des Menschen in dieser Welt wahrnimmt und in der unbeirrbaren Hoffnung auf die Möglichkeit einer innigen, neuen Gemeinschaft mit Gott zu bleiben versucht, richtet sich der Eremit entschlossen aus auf ein endgültiges und nie mehr rückgängig zu machendes Nach-Hause-kommen bei Gott. Den Ort dieses Heimwehs nach Gott, diesen inneren Ort der Einsamkeit aufzusuchen ist ein Weg ins Ungewisse. Am Anfang locken innere Bilder und Vorstellungen, das gängige Klischee des Einsiedlerdaseins baut auch in den Vorstellungen des Eremiten selbst eine idyllische oder streng asketische Wohnstatt nach der anderen. Die Realität sieht anders aus. Landkarten gibt es nicht. Andere Wüstenwanderer sind schwer zu finden. Auf der Suche nach diesem Ort der inneren Einsamkeit gerät der einzelne kleine Mensch in eine erschreckend weite, große und beängstigend unwirtliche Landschaft. Doch auch hier gilt, was die geistlichen Lehrer früherer Jahrhunderte wussten: „gratia non tollit naturam", die Gnade Gottes erschlägt die Natur des Menschen nicht! Sehr frei übersetzt und auf das eremitische Leben gemünzt: Wer dem an ihn ergangenen Ruf zur Wüstenwanderung folgt, wird nicht verdursten. Die geringe menschliche Kraft mag schnell erschöpft sein. Die

Spannkraft aus der frei geschenkter Zuwendung Gottes bleibt, solange der Weg nicht verlassen wird.

Allein, es bleibt ein Wagnis und der Weg wird steiniger, je länger er dauert. Auch wenn der Schritt mit den Jahren sicherer wird und die Augen schärfer.

Thomas Merton (1915–1968), einer der großen Lehrer des geistlichen Lebens im 20. Jahrhundert, spürte diesem Weg über lange Jahre intensiv nach. Nach unruhiger Kindheit und Jugend, mit einer gärenden Fülle an Talenten begabt, konvertierte Merton 1938 nach einer langen Zeit der Suche und intensiven spirituellen Erfahrungen zur katholischen Kirche. 1941 trat er in das Trappistenkloster „Our Lady of Gethsemani" in Kentucky, USA, ein. Seine zunehmend unruhige, manchmal fast verzweifelte Suche nach echter Kontemplation, nach Gott, nach dem Allein Sein mit Gott schlug sich in einem Text nieder, den er 1946 – zu dieser Zeit noch sehr der ordensüblichen Sprache religiöser Schriften verhaftet – in Form einer Ansprache Jesu formulierte. Der Text schließt sein überaus erfolgreiches Buch „Der Berg der sieben Stufen" ab:

„Du wirst gelobt werden; aber es wird nur sein, als würdest du am Pfahl verbrannt. Du wirst geliebt werden, aber die Liebe wird dein Herz ermorden und dich in die Wüste hinaustreiben. Du wirst Geschenke erhalten, aber sie werden dich unter ihrer Last zermalmen. Du wirst Gebetsfreuden erleben, aber sie werden dich krankmachen, und du wirst vor ihnen fliehen. Und wenn man dich ein wenig gelobt und ein wenig geliebt haben wird, dann werde ich alle Geschenke, alle Liebe und alles Lob von dir wegnehmen, und du wirst völlig vergessen und verlassen, ein Nichts, ein totes Ding, ein Auswurf sein. Und dann wirst du die Einsamkeit besitzen, die du solange ersehnt hast. Und deine Einsamkeit wird unermeßliche Früchte tragen in den Seelen der Menschen, die du nie sehen wirst auf Erden. (...) Doch wirst du die wahre Einsamkeit meiner Angst und Armut kosten, und ich werde dich zu den Höhen meiner Freude hinaufführen, und du wirst in meiner Barmherzigkeit alle Dinge finden, für die du geschaffen (...) worden bist. Auf das du zum Bruder Gottes werdest und den Christus, den als Sühnopfer dargebrachten Menschen kennen lernest."[8] Unschwer zu erkennen, dass hier die Schriften des spanischen Mystikers Johannes vom Kreuz (1542–1591) zu Grunde liegen. In späteren Jahren distanzierte sich Merton von vielen seiner Schriften aus dieser Zeit, vor allem sein Verhältnis zur Welt schien ihm hier eher eine ängstliche Projektion zu sein als klare Einschätzung.[9]

Seine Suche nach Kontemplation, nach der Begegnung mit Gott im Allein Sein, in der Stille und Einsamkeit aber war ungebrochen und ließen ihn tief in die Wüste des menschlichen Herzens eindringen.

1967, zwanzig Jahre nach dem Berg der Sieben Stufen und ein Jahr vor seinem Tod schreibt er in einem Brief: „Mein Bruder, vielleicht bin ich in meiner Art von Einsamkeit ein Erforscher für Dich geworden, ein Sucher in Bereichen, die zu betreten Du nicht in der Lage bist – ausgenommen in Begleitung Deines Psychiaters. Ich spüre die Berufung, eine Wüstenzone des menschlichen Herzens zu erforschen, in der die Erklärungen nicht mehr ausreichen und in der man lernt, daß einzig die Erfahrung zählt. Das ist ein dürrer, felsiger, finsterer Bereich der Seele, der zuweilen von fremdartigen Feuern erhellt wird, vor denen sich die Menschen fürchten und in dem sich Gespenster tummeln, die die Menschen sorgfältig meiden und denen sie nur in ihren

Alpträumen begegnen. Und in dieser Zone habe ich gelernt, daß man die wirkliche Hoffnung unmöglich kennenlernen kann, ehe man nicht erfaßt hat, wie sehr die Hoffnung der Verzweiflung gleicht.“ [10]

Einzelgänger und Grüppchen

Seine letzte Säule war 25 Meter hoch. Sie endete oben in einer Plattform, etwa vier Quadratmeter groß. Eine niedrige Umrandung sollte ihn davor schützen, im Schlaf hinunterzustürzen. Aber geschlafen hat er – nach den Aussagen des Kirchengeschichtsschreibers Theodoret von Cyros (393–460) 30 Jahre lang – so gut wie nie. Unbeweglich stehend über Stunden oder sich unablässig verneigend, nur manchmal ein kurzes Nickerchen im Sitzen, dazu glühende Sonne, heißer Wind, Wolkenbrüche, unzureichende Nahrung. Die Wunden und Geschwüre, die sich bildeten, brachen auf, bedeckten sich mit Würmern, die erst auf die Plattform, dann die 25 Meter hinunter auf den Boden klatschten. Mitten ins Publikum sozusagen. Ein junger Mann, sein Name wird mit Antonios angegeben, musste das Geschmeiß aufsammeln und wieder nach oben bringen. Simeon der Stylit, der Ältere (389–459), soll es zurückgesetzt haben auf seine Wunden mit den Worten: „Esst doch, was Gott euch gegeben hat.“[11] Aus allen Windrichtungen seien sie zu diesem heiligen Syrer geströmt: Neugierige, Bewunderer, Ratsuchende, Nachahmer, Schwindler und natürlich die Vorläufer der modernen Boulevardpresse, die frommen Berichterstatter und Hagiografen. Simeon der Stylit, der Ältere war tagtäglich den scharfen Blicken Hunderter ausgesetzt, ihren Anfragen, Segensbitten und ihren Erwartungen ob seiner staunenswerten Taten und wundersamen Worte.

Unter den neuen Eremitencanon des Codex Juris Canonici (CIC) von 1983 aber wäre er schwerlich einzuordnen gewesen. Dieser Abschnitt, Canon 603, ein kurzer, aber dicht formulierter Rechtstext der katholischen Kirche, entstand als Reaktion auf den weltweiten Neuaufbruch der eremitischen Bewegung , der seit der Mitte des 20. Jahrhunderts zu spüren ist. Mit wenigen Worten wird hier das eremitische Leben beschrieben:

§ 1 Außer den Instituten des geweihten Lebens anerkennt die Kirche auch das eremitische oder anachoretische Leben, in dem Gläubige durch strengere Trennung von der Welt, in der Stille der Einsamkeit, durch ständiges Beten und Büßen ihr Leben dem Lob Gottes und dem Heil der Welt weihen.

§ 2 Als im geweihten Leben Gott hingegeben wird der Eremit vom Recht anerkannt, wenn er, bekräftigt durch ein Gelübde oder eine andere heilige Bindung, sich auf die drei evangelischen Räte öffentlich in die Hand des Diözesanbischofs verpflichtet hat und unter seiner Leitung die ihm eigentümliche Lebensweise wahrt.

Wäre das Spektakel um Simeon den Styliten heute mit der sogenannten strengeren Trennung von der Welt vereinbar? Ist eine solche Kontaktfülle denn eremitisch?

Nicht wenige Glaubende bekommen leuchtende Augen, wenn über kontemplatives Leben in der strengeren Trennung von der Welt gesprochen wird. Dieses erste Merkmal des Eremiten nach Canon 603 CIC löst häufig ganz bestimmte Assoziationen aus. „So schnell wie möglich in die äußerste Abgeschiedenheit!“, lautet der Jubelruf so mancher, die in sich die Berufung zum

Eremiten zu spüren glauben. Fatales Missverständnis eines theologischen Terminus'.

Der Versuch einer Begriffsbestimmung geht auch hier nur im Rückblick auf Bekanntes, auf anerkannte Vorbilder. Äußerste Abgeschiedenheit hatte der syrische Säulensteher Simeon nicht, den Aussagen des Theodoret zufolge. Sogar bei Anbruch der Nacht musste sein junger Diener die Leute drängen, den Heiligen endlich in Ruhe zu lassen. Auch vom weiter westlich liegenden ägyptischen Nildelta und seinem Hinterland kann man im 4. und 5. Jahrhundert nicht behaupten, dass es eine menschenleere Wüste gewesen sei. Schnell hatte sich das Beispiel des großen Antonios herumgesprochen und massenhaft Nachahmer gefunden. Zu Zweit, zu Dritt oder im losen Verband der Laura lebten tausende Wüstenväter und Wüstenmütter. Der fast kontaktlose Einzelgänger tauchte zwar immer wieder auf; die Gruppen und Grüppchen aber waren in der Mehrzahl. Die Apophthegmata Patrum, die Sprüche der Väter geben ein beredtes Zeugnis ab von ihren Gesprächen mit Ratsuchenden, von Versammlungen mit den Brüdern, den Beziehungen zwischen Meister und Schüler und nicht zuletzt vom Ansturm des frühchristlichen Wallfahrtstourismus. Karl Suso Frank, Professor für Kirchengeschichte der Alten Kirche, weist sogar deutlich auf den Aspekt der öffentlichen Tätigkeit bei Antonios hin: „Athanasius berichtet von der Bereitschaft für den Nächsten bei Antonios, als dieser nach 20 Jahren aus seinem Burgverlies heraustrat. Von den zahlreichen Besuchern heilte er viele, die ein körperliches Leiden hatten; andere befreite er von Dämonen; Trauernde tröstete er und Streitende versöhnte er.[13] Die Trennung von der Welt kann sich nicht unbedingt beziehen auf die Menge der Kontakte eines eremitischen Lebens. Der Rückgriff auf die Zeit der Wüstenväter und -mütter macht die Schwierigkeit des Begriffes Welt für heutige Eremiten deutlich. Welt war zur Zeit der Frühen Kirche als die uns umgebende Wirklichkeit zentrales Thema in Philosophie und Theologie. Für Griechen und Römer gestaltete sich diese Wirklichkeit als ein eher statisches, geordnetes und ästhetisch ansprechendes Gesamtgefüge, dessen innerster Antrieb eine Art kosmologische Rechtsordnung der göttlichen Weltseele war. Ein wohlgeordnetes Ganzes, belebt von einer Vielzahl freundlicher, den Menschen ähnlichen Göttern.

Man könnte es ein magisch-mythisches Weltbild nennen, in dem das Chaos des Anfangs allmählich durch den Kosmos – hier verstanden als die durch das Wissen und die Kraft des Menschen gestaltete Welt – abgelöst wird. Ein Schöpfergott, dessen Wille das Heil seiner Geschöpfe ist, hatte in diesem Denken keinen Platz.

Im jüdisch-christlichen Kulturkreis lagen dem Terminus dagegen Israels Erfahrungen zugrunde, die es mit seinem leidenschaftlich liebenden und zürnenden Gott durchlitten hatte. Welt war seine ins Leben gerufene und unbedingt geliebte Schöpfung. Ein fundamental unterschiedliches Verständnis von Welt!

Schon im Judentum gab es dazu sogenannte gnostische Strömungen, die nicht durch den Glauben, sondern allein durch Erkenntnis und Wissen den Weg zu Gott finden wollten. Auch die Frühe Kirche wurde davon nicht verschont. Marcionianer, Encratiten, Manichäer: gleicher Stoff in unterschiedlichen Farben: Die Materie ist zu verwerfen, nur der Geist ist gut; der Körper schlecht und abzulehnen, der Geist strahlender Lichtfunke des göttlichen Lebens. Ein dualistisches Weltbild, in dem ein böser Schöpfer die Welt des Stofflichen schafft, der gute Gott das Reich des Lichts. In wenigen Spuren findet sich diese Weltsicht noch im Johannesevangelium und im ersten Johannesbrief. Origenes (185–254) dürfte wohl der bekannteste große Theologe der Patristik, der Kirchenväterlehre, vor dem Konzil von Nizäa (325) sein, dessen Spiritualität Ansätze dieser christlichen Gnosis aufweist. Bis in heutige Fundamentalismen hinein findet sich eine solche grundlegende Ablehnung der Welt als krasse Einteilung in Gut und Böse. Eine Schwarz-Weiß-Malerei, die sich nicht auf die Botschaft Jesu Christi berufen kann. Viele der heute abstrus anmutenden asketischen Übungen mancher christlichen Einsiedler und Einsiedlerinnen entstanden aus einer Weltsicht, die geprägt war von diesem Dualismus. Heil schien ihnen zwingend nur durch Weltverdammung und in logischer Folge durch Weltflucht erlangt werden zu können. Wobei die Quellen auch deutlich zeigen, wie ambivalent manche Wüstenväter waren, denn ihre Worte stimmten nicht unbedingt mit ihren Taten überein. So mahnt Pachomius in seiner Regel eindringlich vor jeder asketischen Übertreibung, doch er selbst versucht volle 14 Jahre lang, statt lang ausgestreckt zu schlafen, sich nur im Stehen, höchstens im Sitzen an die Wand zu lehnen. Eine Übung, für die er bei seinem Lehrer Palamon vorbereitet wurde, der ihn des Nachts zum Steine schleppen schickte, wenn Pachomius drohte einzuschlafen. Doch wurde die diesem Denken zugrunde liegende Ablehnung der geschaffenen, der sinnlich erfahrbaren irdischen Welt, vor allem des Leibes, längst nicht von allen geteilt. „Es gibt eine überspannte Askese, die vom Feinde ist ... Wie nun unterscheiden wir die göttliche, die königliche Askese von der tyrannischen, dämonischen?

Offenkundig durch das Maß ...", lehnte die Einsiedlerin Amma Synkletika (um 400) diese bis zur Selbstzerstörung gehenden Mortifikationen – im wahren Wortsinn: Abtötungen – ab.[14]

Trennung von der Welt verstanden die meisten Wüstenväter und -mütter als radikale Absage an die Welt der damaligen Gesellschaftsformen. Sie drehten den Normen, Maßstäben, den Zielen und Werten der geltenden Moral den Rücken zu, um mit ihrer ganzen Existenz das Reich der Gottesherrschaft, die Basileia tou theou in den Blick zu nehmen. Der Weg in die Wüste war in ihren Augen das Verlassen einer Welt, die zwar von Gott gut erdacht und gut geschaffen worden war, die aber durch die Sünde tief zerrissen Christus nicht angenommen hatte. Fliehe diejenigen, die dich zurückholen wollen in eine Welt, in der nur gilt, wer Macht hat und groß ist vor den Menschen; in der als Person nur anerkannt wird, wer Besitz und Einfluss hat und diese Dinge zu seinem eigenen Nutzen zu gebrauchen müssen meint. Sie sahen die geschaffene Welt als Zwischenstation an auf dem Weg zur ewigen Heimat mit allen Konsequenzen, die eine solche Überzeugung einschließt: Fremdlinge sind wir, Pilger, die das Ziel vor Augen haben, das allein zu verfolgen sich lohnt und die sich darum keine Paläste am Wegrand bauen können. Das Fremd-Sein in der Welt, die Xeniteia, das Pilgern zum ewigen Zuhause, die Peregrinatio, bestimmten maßgeblich die Spiritualität aller eremitischen Formen, so unterschiedlich sie auch sonst waren.

1800 Jahre Welt- und Kirchengeschichte haben den Blick auf die uns umgebende Wirklichkeit enorm geweitet. Raum der Ermöglichung menschlicher Freiheit ist sie uns heute; unbeschränkt übereignete Schöpfung, und alles Geschaffene ist nicht allein Zeichen und Spur, sondern konkret Ort der Gotteserkenntnis, ja, kann ein Ort der Gottesbegegnung sein. Die den Leib, die menschliche Gemeinschaft und die menschlichen Errungenschaften verachtenden und zerstörenden Abtötungen der ersten Jahrhunderte sind als das erkannt, was sie waren: Fehlformen und Auswüchse einer gnostischen Weltverneinung, die im Widerspruch stehen zur Botschaft Jesu.

Xeniteia und Peregrinatio aber sind mehr denn je Haltungen, die für die schleichende Gottvergessenheit den notwendigen und entschiedenen Gegenentwurf bilden.

Trennung von der Welt kann in diesem Gegenentwurf nur heißen, sich dem zu verweigern, was sich an die Stelle Gottes setzen will.

Der innerste Punkt

Menschliches – auch „kirchenmenschliches" – Denken verläuft in einer seltsamen Weise gradlinig. Manchmal führt dieses Denken dazu, sorgsam portionierte Inhalte in Schächtelchen zu packen, diese ordentlich zu beschriften und in Folge peinlichst darauf zu achten, dass sich die Inhalte der einzelnen Schächtelchen nicht miteinander vermischen. Die Beschriftung wird von Zeit zu Zeit nachgezogen, der Inhalt aber nicht weiter überprüft. Schächtelchen zu packen gibt Sicherheit in unordentlichen Zeiten. Vielleicht als Schutz vor den unüberschaubar vielen Formen Jesus Christus nachzufolgen gedacht, ist dieses Einsortieren aber gerade im geistlichen Leben eine Gefahr, über der Vorliebe für leicht zu handhabende Strukturen die Wahrnehmung des Geistwirkens zu verlieren. Manchmal mutet es wie ein dubioser Wettbewerb an, wenn eine geistliche Lebensform gegen die andere aufgerechnet werden soll. Eine Schmierenkomödie, die bravourös ablenkt vom Eigentlichen. Am Begriff der strengeren Trennung von der Welt wird dies besonders deutlich. Lange Zeit als Rückzug von der bösen Welt, als Abkehr von den angeblich minderwertigeren Formen des Gemeinschaftslebens oder sogar als Pflicht zur radikalen Kontaktlosigkeit verstanden, kehrt sich in diesem Missverstehen die Absicht der Trennung von der Welt in ihr Gegenteil. Denn: Nicht nur sich dem zu verweigern, was sich an die Stelle Gottes setzen will, sondern die ausschließliche Suche nach Dem, der für diese Welt elendig am Kreuz hingemordet wurde und aus der Höllenkälte und allen Abgründen des Hasses auferstanden ist, ist Sinn und Ziel dieser inneren Haltung. Christus ist für uns gestorben als wir noch Sünder waren, erinnert uns Paulus im Römerbrief (Röm 5,8). Trennung im Sinn einer verächtlichen Abkehr der Welt – so subtil und argumentativ untermauert sie auch wäre – würde Jesu Leiden, Tod und Auferstehung hochmütig verkennen. Abbas Antonios (251–356), Urbild des Eremiten und Vater des Mönchtums floh oft tiefer in die Wüste hinein, um den Scharen der Neugierigen, Ratsuchenden und Wissbegierigen für eine Zeit auszuweichen. Seine innere Haltung aber wird im Weisheitsspruch Nr. 9 sichtbar: „Vom Nächsten her kommen uns Leben und Tod. Gewinnen wir nämlich den Bruder, so gewinnen wir Gott. Geben wir hingegen dem Bruder Ärgernis, so sündigen wir gegen Christus."[15]

Der Weg des Eremiten durch die Wüste ist die Suche nach dem Ort, wo dieser Christus als der Gekreuzigte und Auferstandene gegenwärtig ist. Bedingungslos und unbeirrt auf dem Weg dieser Suche bleiben, sich dorthin führen lassen, wo Er ist: untrennbar verbunden mit jedem Atom des Kosmos, mit jedem Stück Welt! Sein Geist ist der geheime Antrieb dieser Welt und wirkt und webt in allen Dingen. Ob wir es wollen oder nicht, ob wir es sehen oder blind und taub in den Tag hinein leben: Durch seinen schmählichen, bitteren Kreuzestod und seine Auferstehung ist Christus das Herz der Welt geworden, ihre innerste Mitte. „Und so hat Er die Welt schon verwandelt. Besiegt, indem Er sie wandelte. Indem Er das *Herz der Welt* wurde, ihre letzte Entelechie, ihre geheimste und innerste Kraft."[16] Zu diesem Herz unterwegs zu sein, zu dieser Kraft, diesem Wirken in der Stille auf der Spur zu bleiben, sich dieser Suche tagtäglich und in jeder Nacht mit ganzer Kraft hinzugeben, um Ihn, um Sein oft so verborgenes Licht zu suchen, sich nach Seiner leisen, so unendlich leisen Stimme mit allen Sinnen auszurichten und dem absolute Priorität einzurichten heißt die strengere Trennung von der Welt zu leben.

Radikal möglich ist dies nur in der Zurückgezogenheit. Ohne ein Reduzieren der Kontakte und ohne die sorgsam abgewogene Gestaltung des täglichen Lebens ist dieses Wandern in den Wüstenzonen der inneren Landschaft nicht zu leben. Dieser waghalsige Pfad im Dämmerlicht, manchmal in einer mondlosen Nacht gleichenden Finsternis kostet alle Kraft, die nur durch die konsequente Entscheidung, was oberste Priorität hat und was dahinter zurückstehen muss, gesammelt werden kann. Die Schritte des Eremiten balancieren auf schmalem Grat, geleitet von einem oft nur allzu schwach schimmerndem Licht, das von oben einfällt und nur wenig mehr als den nächsten Schritt erleuchtet. Im Kegel dieses Lichtes muss der Eremit bleiben, alles hängt davon ab. Verlässt er ihn, treten seine Füße ins Leere, stürzt er in Schluchten, die, gefüllt mit Schaudern und Schrecken, rechts und links des Weges lauern. So beginnt der Weg, so geht er über einen langen Zeitraum weiter. Und das Licht wird nur langsam heller. Im Laufe der Jahre treten mit unerbittlicher Klarheit die Schwächen und Makel des Eremiten zu Tage. Unbarmherzig zeichnet das Licht alle Konturen innen wie außen nach. Zugleich – seltsames Paradox dieser Helle von oben – wachsen Mut, Hoffnung, wächst die Sicherheit über die eigenen Schritte, über den Weg, wächst die Bereitschaft, sich selbst in diesem Licht ohne Rückhalt zu erkennen.

Zu diesem Weg gehört, Einsamkeitserfahrungen in allen Schattierungen zuzulassen – soweit die eigene Kraft reicht und die Gnade dazu befähigt. Je mehr er sich einlässt, umso intensiver wird dem Eremiten klar, dass er schon längst vor dem steht, den er sucht – und dass er als ein Einzelner steht, völlig allein! Und die fremdartigen Feuer, von denen Thomas Merton in seinem Brief schrieb, erweisen sich nicht zuletzt als die Angst eines Menschen, der aufmerksam geworden um sich blickt und bis zum Horizont keine Menschenseele mehr erspüren kann. Unmerklich enthalten sie alle einen Beigeschmack – alle diese Einsamkeiten, alle diese Erfahrungen des Allein Seins, diese Erfahrungen, ohne Gemeinschaft, ohne Partner, ohne liebendes, freundschaftliches, antwortendes Gegenüber zu sein. In ihnen allen steckt das bitterzarte Aroma der klaren Gewissheit, dass es einmal einen langen Augenblick so sein wird, dass niemand, wirklich niemand mehr da ist außer einem selbst. „... alles ist wie von unendlicher Ferne, alles ist da, aber wie unwirklich geworden, ferngerückt und wie tot, man ist wie von einer unendlichen Einsamkeit verschluckt, sich selbst überlassen und sich selbst zugleich fremd, ausgesetzt in das Totsein, das man selber ist.“ [17]

Und es geht kein Weg daran vorbei. Durch die qualvolle Enge dieser absoluten Einsamkeitserfahrung werden alle Menschen einmal hindurch müssen. So bedeutet das Allein Sein des Eremiten auch ganz konkret, diese irgendwann unausweichliche Situation des Totseins sich immer wieder zu vergegenwärtigen und zu begreifen: Schon jetzt stehe ich allein vor Gott. Und es ist niemand da, hinter dem ich mich verstecken kann. Niemand ist da, auf den ich zeigen kann und dem ich meine Schuld, meine Verweigerungen zuzuschieben berechtigt wäre. Niemand, auf den ich die Verantwortung abladen kann für meine Lauheit, meine Lieblosigkeit, meine Härte, meine Schwäche. Niemand ist da, außer mir selbst in meiner angefochtenen, von Versuchungen und subtilen Vertuschungsstrategien durchtränkten menschlichen Existenz.

Eremitisches Leben bedeutet, sich diesem Prozess nicht zu entziehen, sich immer von neuem dieser Unvollkommenheit, dieser Endlichkeit, dieser nicht aufzuhebenden Kontingenz alles Irdischen zu stellen. Es bedeutet, sich konfrontieren zu lassen mit all der Hinfälligkeit des Menschen, mit all dem, was im menschlichen Herzen an Abgründen, an Verweigerungen und Liebesunfähigkeiten, ja, sogar an der Lust zur Sünde auf seine Stunde wartet. Und es bedeutet: Der Eremit muss aktiv an seiner Einsamkeit arbeiten und sie nicht passiv erleiden oder irgendwie aushalten. Einsamkeit sei kein Dauerkoma, schrieb Thomas Merton: „Man muß tätig an der Einsamkeit arbeiten, nicht, indem man Zäune um sich herum errichtet, sondern indem man Zäune einreißt und all die Masken fortwirft, auf die nackte Wurzel seines innersten Verlangens gerät, das das Verlangen der Freiheit-Wirklichkeit ist. Frei zu sein von der Täuschung, die die Wirklichkeit erschafft, wenn man aus dem rechten Verhältnis dazu gerät, und wirklich in der Freiheit zu stehen, die die Wirklichkeit schenkt, wenn man sich recht dazu in Beziehung setzt (...) Bloßes *Alleinsein* ist gar nichts. Oder es ist wenigstens nur ein Potential. Derjenige, der bloß alleine ist, wird früher oder später verfallen oder fliehen."[18]

Jean-Baptiste Grenouille vegetierte sieben Jahre in seiner Gruftklause im einsamsten Berg Frankreichs. Seine Erinnerungen, seine ganz spezielle Form einer einzig und allein auf sich selbst bezogenen Meditation, sein im wörtlichen Sinne sich selbst genügendes Dasein endet an dem Punkt, wo das sich selbst Genügen wie ein tödlicher Nebel steigt, sich verdichtet und ihn überschwemmt. Er droht an sich selbst zu ertrinken und verlässt, vor Angst schlotternd, die Höhle. Sein Experiment ist gescheitert, das Angebot, das in jedem Rückzug liegt, sei die Motivation auch noch so egoistisch, hat er nicht nutzen können. Die Chance, den Weg, die schwache Spur im Sand, das haarfeine Goldseil göttlichen Lockrufes durch Wüste und Weglosigkeit zu finden hin zur Oase, zum innersten Punkt im Menschen, zum unaussprechlichen Ort der Begegnung mit dem Herz der Welt – verfehlt.

2. Buße

Sog und Entfremdung

Es war ein Spaß, ein großer Spaß. Ein richtig guter Joke. Der Obdachlose war stadtbekannt und das ideale Opfer. Die Schüler jagten ihn vor dem Schulgelände solange hin und her, bis er sich in nackter Panik in eine Telefonzelle flüchtete. Aufgenommen per Handy machten Bilder der Quälerei später die Runde auf dem Schulhof und auf privaten Computern der Jugendlichen.

Happy Slapping, fröhliches Dreinschlagen, wird diese Freizeitbeschäftigung genannt. Neu soll sie nicht sein, aber lange unbemerkt geblieben von den Erwachsenen. Die bevorzugten Opfer sind nicht nur Obdachlose. Auch Passanten, die zufällig am falschen Ort zur falschen Zeit stehen, sind unfreiwillig Darsteller oder Mitschüler und Mitschülerinnen, die misshandelt, erniedrigt, mit Gewalt zu sexuellen Handlungen gezwungen, gequält werden. Nicht aus Vergeltung oder als Verteidigung eines vermeintlichen oder realen Angriffes, nur einfach aus Langeweile und um in der Szene, der Clique, dem Freundeskreis zu punkten.[19] Und alles wird gefilmt. Wer die besten Quälereien zeigen kann, die miesesten Gemeinheiten, ist der King, der Obercoole.

Regisseure und Helfer stammen nicht unbedingt aus Problemvierteln oder sozialschwachen Familien. Querbeet aus allen Schichten und Milieus kommen die Macher dieser grausamen Kurzfilmchen. Wer weiß, wie viele dabei sind, die morgens auf dem Schulhof den Vogel abschießen und am Nachmittag im Firmunterricht sitzen.

Sich Grausamkeiten anzuschauen gehört seit der klassischen Antike zum Bestand kultureller Betätigungen. Susan Sontags (1933–2004) Essay „Das Leiden anderer betrachten" rekapituliert diese Lust mit Blick auf die Kriegsfotografie. Sie streift dabei nicht nur die „erbauliche, Seelen stärkende" Darstellung christlicher Kunstwerke wie Judith und Holofernes, die Enthauptung Johannes des Täufers oder den bethlehemitischen Kindermord. Kunstwerke mit oft deutlich erzieherischem Impuls. Die diesen Bildern entgegengesetzte Intension der Darstellung menschlicher Qualen in der Antike sei nicht moralisch befrachtet gewesen, schreibt sie. Hier sei es um Provokation gegangen: „Schaffst du es, hinzusehen? Es gibt die Befriedigung, ein Bild ansehen zu können ohne zurückzuschaudern. Es gibt das Vergnügen des Zurückschauderns."[20] In der weiteren Entwicklung, gerade seit 1945, in der die Kriegsfotografie immer stärker zum Zeugen und Ankläger geworden sei, hätte der ‚Realismus' der gezeigten Tatsachen stetig zugenommen. Mit einer bedenkenswerten Einschränkung: Den toten Feind in entwürdigender, deutlich erkennbarer Stellung zu zeigen, die eigenen Leute aber pietätvoll verhüllt. „... denn der andere, selbst wenn er kein Feind ist, gilt uns nur als jemand, den man sehen kann, nicht als jemand, der (wie wir) selbst sieht."[21]

Den anderen nicht als gleichen unter gleichen wahrzunehmen, ihn nicht – biblisch gesprochen – als Nächsten zu sehen, bedeutet auch, sich selbst nicht wahrzunehmen, erweist sich als Zustand der Entfremdung des Menschen von sich selbst. Für Paul Virilio (geb. 1932), den französischen Kulturkritiker und Medientheoretiker, sind die Möglichkeiten und Ausmaße dieses sich selbst und dem Anderen fremd sein in unserer technologisch hochgerüsteten Welt größer als je zuvor. Unter dem Banner des Fortschritts, der jedem nicht nur das Schneller-Leichter-Sicherer suggeriere, sondern durch den weltweiten Informationsaustausch in Echtzeit auch die Sicherheit eines umfangreichen Wissens und Teilhabens insistiere, entstünde ein gewaltiger Sog, der den zentralen Begriffen von Sein und Haben, von Hier und Jetzt ihren Sinn zerstöre. Die Ausdehnung der Kommunikationstechnologie mache die Unterscheidung von Peripherie und Zentrum zunichte, ähnlich einem Aufputschmittel, das den Wechsel zwischen Wachen und wohltuender Ruhe aufhebe. Früher, so Virilio, habe gegenwärtig sein ein von Angesicht zu Angesicht bedeutet, einen unmittelbaren Austausch in physischer Nähe. „Wenn künftig nicht mehr nur agiert, sondern auch „teleagiert" – aus beliebiger Entfernung gesehen, gehört, gesprochen, berührt oder gefühlt – werden kann, dann ergibt sich die unglaubliche Möglichkeit einer plötzlichen Persönlichkeitsverdoppelung des Subjekts, durch die das „Bild des Körpers", oder anders gesagt, die SELBSTWAHRNEHMUNG des Individuums nicht mehr lange unbeeinträchtigt bleiben kann."[22]

Selbstwahrnehmung, Selbstbild und damit Selbstverständnis des Menschen basieren zum großen Teil auf den Informationen der Sinne. Wenn Kommunikation die natürlichen Gegebenheiten dieser Sinne nicht nur zeitweilig irritiert, sondern dauerhaft umgeht – wie z.B. bei Telefonaten per Handy: Kontakte mit Menschen weltweit von Orten weltweit ohne das mehr als die leicht verzerrte Stimme des Gesprächspartners wahrgenommen wird – sind die Informationen der Sinne und die daraus gezogenen Rückschlüsse zumindest verkürzt, wenn nicht grob verfälscht. Und die Wahrnehmung des Anderen mit einem technischen Hilfsmittel und nicht vorrangig mit den eigenen Sinnen verzerrt nicht nur das Selbstbild, sondern birgt die Gefahr, es aus dem Zentrum meines Selbst heraus zu verschieben. Das bedeutet auch: die Verlagerung der Wahrnehmung der eigenen Existenz aus dem Zentrum des Menschen heraus in virtuelle, technologische Systeme ist die Loslösung des Menschen vom Menschlichen. Indem ich mich aber nicht mehr wahrnehme, nehme ich auch mein und aller Menschen grundsätzlich Menschliches nicht mehr wahr. Bei Jugendlichen, die Mitschüler brutal quälen und erniedrigen, die Szenen per Handy filmen und sie kurz darauf als Video-Clip in Umlauf bringen, ist dieser Prozess schon sehr weit vorangeschritten und scheint die These des scharfsinnigen Essayisten Virilio zu bestätigen. Bestürzend und entlarvend daran ist die Motivation der Jugendlichen: Aus einem Gefühl tödlicher Langeweile heraus und um damit sich selbst und anderen zu beweisen, dass man etwas wert ist. Dass man existiert. Ein böses Paradoxon: Um mich als einzelnen Menschen, als eigenständiges Individuum überhaupt noch wahrnehmen zu können, handle ich gegen ein eminent wichtiges Prinzip menschlichen Miteinanders: Dem Anderen grundsätzlich unabhängig von äußeren Gegebenheiten Respekt und Achtung zu kommen zu lassen.

Eigenwahrnehmung, Wahrnehmung des Anderen und Realität klaffen auseinander. Und leicht ist es, den dabei entstehenden zunehmend steigenden Druck, diese Diskrepanz zu überdecken, sie zu verdrängen. Die äußeren Eindrücke, die den Menschen heute überfluten, bieten 24 Stunden lang eine breit gefächerte Palette für Ablenkung, Zerstreuung, Unterbrechung, Behinderung, ob gewollt oder nicht: Dekonzentration pur. Je weiter der Prozess sich entwickelt umso stärker der Sog und umso größer die Entfremdung. Leben in Freiheit – christlich verstanden als dankbares Gewahrwerden der nicht zu verdienenden, befreienden Liebe Gottes – , und in diesem Sinne wahrhaft kommunikatives Handeln wird unmöglich.

Paulus nennt diese Verunmöglichung: Sklave der Sünde sein. (z.B. Röm 6,16–23)

Trennung und Sehnsucht

Sommer 2004 gab die Münchner Chorgemeinschaft St. Sebastian ein Konzert. Mitten in Schwabing erklangen geistliche Lieder überwiegend aus dem 19. und 20. Jahrhundert. Beim Abspielen des Live-Mitschnitts ist es deutlich zu hören. Wenn der Chor sehr klar und sanft das „Ave, maris stella“ von Edvard Grieg (1843–1907) singt, vorletzte Strophe: „Vitam praesta puram, iter para tutum, ut videntes Jesum, semper collaetemur“: (Gib ein reines Leben, bereite sicheren Weg, damit wir – Jesus schauend – uns gemeinsam freuen), erklingt hinter den sehnsuchtsvollen Klängen der aufschreckende Ton eines Martinshorns.

2. Buße

In der Vorstellung vieler Menschen bewegt sich kontemplatives Leben in einer seltsam unwirklichen Zone. Um im Bild des Konzertes zu bleiben: Wer kontemplativ lebt, scheint nur zart und sehnsuchtsvoll das „Ave, maris stella" zu singen; Martinshörner aber können in diesem Leben doch nicht vorkommen. Eine Vorstellung, der das Wissen um die tiefe Verflochtenheit des Menschen mit Welt, Menschheit, Schöpfung, ja mit dem ganzen Kosmos gänzlich fehlt. Der kontemplative Weg des Eremiten als Wanderung eines Einzelnen durch die Wüstenzonen der inneren Landschaft ist gerade kein Verweilen in einem sorgsam abgeschottetem Terrain, in dem eine kleine heile „Gott-und-ich-Welt" in seliger Zurückgezogenheit existiert, ähnlich Flitterwöchnern, die sich in ihrer rosaroten Zweisamkeit selbst genügen. Dieser Weg konfrontiert. Er konfrontiert mit dieser alles umgreifenden, alle einbeziehenden, tiefen Verflochtenheit, er konfrontiert unausweichlich. Und das ist hart. Nicht durch die phasenweise große Intensität. Hart ist die Dauer. Es ist ein zunächst schwer zu durchschauender Prozess, der beginnt. Ist in der ersten Zeit noch eine Mischung aus Freude und Erleichterung bestimmend, endlich diesen Weg gehen zu können, ziehen schon bald andere Emotionen durch das Herz und die Gedanken. Der neue Abschnitt dieser Geschichte Gottes mit diesem einzelnen Menschen, als totaler Neuanfang gedacht, wird als determiniert von Ereignissen und Erfahrungen der Vergangenheit begriffen. Die Kämpfe, in denen zu siegen sich der Eremit vorgenommen hatte, sind anmutige Windspiele gegenüber den Schwierigkeiten, die – unvermutet und oft auf ganz anderen Gebieten – auftauchen: Stärken, denen sich der Eremit sicher war, erweisen sich manchmal als lähmende Schwäche; Freuden des Gebetes und der Betrachtung stellen sich plötzlich nicht mehr ein; Trost, der als sicherer Besitz angesehen wurde, verschwindet. Dafür tauchen Anfechtungen auf, die in zunächst nicht erkennbarer Weise mit früheren Wunden und Niederlagen in Zusammenhang zu stehen scheinen. Hinter einer Fassade, die umso durchsichtiger wird, je beharrlicher der Eremit sich diesem Prozess stellt, wird die eigene Existenz wie ein Traumbild sichtbar. Manchmal ist es ein Alptraumbild. Die Zurückgezogenheit, die reduzierten Kontakte, der innere Weg und der klare Wille, diesen Prozess durchzustehen, schleifen Schicht um Schicht alte Übermalungen ab. Die schwer auszuhaltende Erkenntnis der eigenen Erlösungsbedürftigkeit tritt klar vor das innere Auge. Es ist eine Erkenntnis, die Tag um Tag, Nacht für Nacht, während des Gebetes, während der Arbeit, bei der Mitfeier der Heiligen Messe, beim Unkraut jäten, beim Einkauf, bei allen Tätigkeiten wie ein Schatten folgt. Wird sie als „asketische" Herausforderung begriffen, löst sie vermehrte Anstrengungen aus. Einen Fasttag mehr, den Schlaf reduzieren und eine Stunde mehr beten, Gewissenserforschung intensivieren, sogar mit Bußübungen aus alten Zeiten liebäugeln manche der heutigen Eremiten. Doch die eigenen Versuche, mit manchmal verzweifelter Mühe, tilgen den Schatten nicht, schärfen allenfalls seine Konturen und können den Eremiten bis an den Rand des Zusammenbruchs bringen. Bis er begreift. Bis er loslässt, seine Leistungen und Verdienste loslässt, sich loslässt, sich nur noch still in den Lichtkegel einer Hoffnung stellt, die auf den unbedingten Heilswillen Gottes zu vertrauen sucht.

Es ist ein Licht, das sämtliche Umrisse scharf und völlig schattenlos ausleuchtet. Man könnte es gnadenlos, unbarmherzig nennen, wenn nicht dieses Angebot der Möglichkeit eines rückhaltlosen Erkennens der eigenen Befindlichkeiten schon Gnade, die bleibend bestehende Zuwendung Gottes angesichts der menschenmöglichen Sünde Barmherzigkeit in sich wäre. In diesem Prozess bleiben und ihn nicht abbrechen, ihn nicht nur bejahen, sondern durch das tägliche Ineinander von Gebet und Arbeit, von Willensanspannung und erholsamer Ruhe auf dieser schmalen Spur der Läuterung bewusst bleiben: das gehört zum innersten Moment der Buße des Eremiten. Diesen schmalen Weg geht der Eremit als Einzelner, allein, ohne stützende Gemeinschaft. Zeichenhaft wird in diesem Prozess deutlich, dass der Mensch immer als Einzelner schuldig wird, auch wenn strukturelle Sünde oder Kollektivschuld beteiligt gewesen sein mögen. Sünde betrifft immer die persönliche Beziehung des Menschen zu Gott und Buße kann darum nur heißen, sich bewusst zu Gott umzudrehen, um die Erneuerung der Gottesbeziehung zu bitten und ihn dann an sich handeln zu lassen. Buße ist keine Entwertung des Menschlichen, sondern intensiver Weg der Menschwerdung! Das Allein sein des Eremiten konzentriert durch seine äußeren Gegebenheiten diesen Prozess und verschärft die existentielle Konfrontation in hohem Maß.

Die fremdartigen Feuer, von denen Merton in seinem Brief spricht, tanzen schnell rechts und links dieser schmalen Spur. Ihre Funken sprühenden, flackernden Flammen beleuchten Gräben und Abgründe, die wie aus nachtschwarzer Dunkelheit plötzlich auftauchen und tiefes Erschrecken auslösen können. In der Stille der Klause entsteht in solchen Stunden eine seltsame Atmosphäre der Verwirrung, die anfangs grob und primitiv, in den späteren Wiederholungen immer subtiler Glauben, Moral, Erfahrungen, Wertvorstellungen, alle emotionalen und intellektuellen Gerüste als hinfällig erscheinen lässt. Es macht fassungslos, wie sehr die Fähigkeit und der Wille zur Sünde in manchen Poren hockt; wie leicht und machbar und wie problemlos zu rechtfertigen das Böse wäre ... gäbe man diesem Sog nach, der weich und permanent heranflutet wie ein unschuldiges Wässerchen, dessen stetes Strömen aber mit perfider Zielstrebigkeit die Grundmauern zu unterspülen sucht. Wie dünn kann der Firnis des christlichen Glaubens sein! Es ist ein zäher Kampf, weiterzugehen, nicht zurückzuweichen oder aufzugeben, nicht der leisen, süßen und so vernünftigen Stimme zu folgen, die dem Eremiten völlig plausibel zu beweisen versucht, dass dieses Leben, das er lebt, sinnlos ist, dass er es mit Sicherheit nicht dauernd werde leben können, dass alles besser, menschlicher, Gott wohlgefälliger ist als allein in der Klause vor dem Kreuz zu sitzen und zu beten, ja, dass alles, wirklich alles nur eine Täuschung ist.

Zusammenhänge

Je tiefer sich der Eremit in diesen so schwer zu durchschauenden Prozess ziehen lässt, umso deutlicher wird das Wesen der Schuld, der Sünde. Immer ist es eine Verweigerung, irgendwo ist es immer dieses Wegdrehen, Ausweichen, Verdrängen, Verstecken, Abbiegen, dieses sich Winden und Entziehen, dieses sich nicht Gott stellen wollen, nach dem doch die eigene innerste, tiefste Sehnsucht schreit. Vielleicht ist es ein Wegdrehen aus Angst, vielleicht ein Abbiegen aus Unwissenheit, ein Verdrängen aus Stolz. Vielleicht entzieht sich der Mensch auch einfach nur aus Schwäche und Unfähigkeit, wer weiß schon das innerste Motiv. Deutlich wird nur in jedem Fall, dass alle Verweigerung eine Verweigerung Gott gegenüber ist. Und die überall billig angebotenen Selbstfreisprüche sind nur verführerische Fata Morgana.

In diesem Prozess, in dem der Eremit zu verbleiben hat – um jeden Preis zu verbleiben hat! – erwächst sehr langsam eine nüchterne Klarheit. Keine rein intellektuelle Fähigkeit, keine Kopfgeburt, eher eine zunehmende Herzenskraft, die hilft, das Erkennen des Ausmaßes der Sünde zu ertragen. Denn es ist ein Meer, ein unendlicher Ozean an Schuld und Sünde, der vor dem inneren Auge, vor dem inneren Gespür auftaucht. Es gibt Tage, da begleitet das Wissen um Folter, Missbrauch, Schikane und Mobbing, das Wissen um all die kleinen und großen Grausamkeiten in der Welt jede Minute. Und es scheint fruchtlos zu sein, dieses Stehen vor dem Kreuz, dieser Aufblick zum Allerheiligsten im Tabernakel. Denn während der Eremit relativ sicher und geborgen in der Klause sitzt, stirbt im gleichen Augenblick ein Kind unter Schlägen, wird die Unterschrift unter ein Todesurteil gesetzt, zwingen sexuelle Erniedrigungen Gefangene während sogenannter „Nacktverhöre“[23] zum Geständnis. Jagen Jugendliche einen Obdachlosen und goutieren sich wenig später auf dem Schulhof über die dabei gedrehten Videoszenen. Alles geschieht gleichzeitig und an manchen Tagen ist die Stille der Klause so glasklar, dass das Stöhnen der Gequälten zu hören ist.

Das Allein sein des Eremiten konzentriert durch seine äußeren Gegebenheiten den Prozess dieser Wahrnehmung und verschärft manchmal extrem die existentielle Konfrontation, die damit verbunden ist. Und immer intensiver wird ein unbegreiflicher Zusammenhang spürbar: Alles ist miteinander verbunden, beeinflusst sich gegenseitig, schwächt oder stärkt, baut auf oder zerstört, zieht einladend zum Guten oder verführt zum Bösen, zur Finsternis. Wenn Paulus in seinem ersten Brief an die Korinther mahnt, die empfangenen Charismen zum Aufbau der Gemeinde einzusetzen (1 Kor 12,4f) beschreibt er mit dem Bild vom Leib und seinen vielen Gliedern den positiven Tatbestand, gewissermaßen das Soll dieser Verbundenheit aller Getauften. Das Leiden eines Mitglieds dieser Gemeinschaft ist ein Leiden aller. (12,26) Wenn aber die Kirche als Ursakrament, als Werkzeug für das Heil der Welt bestimmt ist, dann besteht nicht nur zwischen ihren Mitgliedern eine Verbundenheit. Alle Menschen aller Zeiten, unabhängig von Glaube, Rasse, Stand oder Geschlecht stehen in geheimnisvoller Weise miteinander in Beziehung: das Tun oder Unterlassen eines jeden Menschen hat Auswirkungen auf den Anderen, auf den Nächsten.

Ein Zusammenhang, der faszinierend und tief erschreckend auch die Dimensionen des eigenen Tuns aufdeckt, und die des eigenen Unterlassens. Manchmal ist es wie ein Schock: Die Jugendlichen und ich, wir sind untrennbar miteinander verbunden. Ihr Menschen verachtender Spaß an der Qual Anderer hängt unbegreiflich mit meinen im Tiefsten verborgenen Aggressionen zusammen. Das Ausmaß von Schuld und Sünde in der Welt hat konkret mit mir zu tun. Es ist von meinen Lieblosigkeiten, meinen Verweigerungen, meiner gleichgültigen Haltung dem Unrecht und Elend in der Welt gegenüber nicht zu trennen. Und! diese Tatsache ist nicht zu ändern.

2. Buße

Die Schriften und Aufzeichnungen, die über das Leben der ersten Mönche berichten, zählen sie deutlich auf, die verschiedenen Formen der Verweigerungen Gott und dem Mitmenschen gegenüber. Die Begriffe klingen altertümlich, die in ihnen enthaltene Wahrheit ist brandaktuell: Völlerei, Unzucht, Habsucht, Überdruss, lähmende Traurigkeit, Ruhmsucht, Zorn und Stolz.

Können meine Anstrengungen in irgendeiner Weise darauf einwirken? Können meine asketischen Übungen, mein Fasten oder irgendwelche radikalen Bußübungen, selbst zugefügte Schmerzen und Leiden mich und Andere aus der Falle dieser Verflochtenheit herauslösen?

Ist nicht jeder Mensch bleibend und unabänderlich bestimmt von der Sünde? Bleibend und unabänderlich? Trotz seiner großen Sehnsucht, den Teufelskreis von Schwäche und Verweigerung, von „schon irgendwie wollen, aber zum Können nicht in der Lage sein" zu unterbrechen?

Wie eine Sturmflut kann die Wahrnehmung dieser tiefen Gebrochenheit und schmerzhaft-bitteren Unfähigkeit das Selbstverständnis des Eremiten zerschmettern. Denn unausweichlich wird deutlich: Aus mir selbst heraus kann eine Heilung nicht geschehen. „Ich tue nicht das Gute, das ich will, sondern das Böse, das ich nicht will," weiß Paulus um diesen Zustand. In ihm sei ein Gesetz der Sünde, der Verweigerung Gott und seiner Liebe gegenüber, das ihn gefangen halte, schreibt er an die Römer. „Ich unglücklicher Mensch! Wer wird mich aus diesem dem Tod verfallenen Leib erretten?" (Röm 7,25f)

Verrücktheiten

Es war eine unterirdische Anlage von mehreren zellenartigen Räumen aus byzantinischer Zeit. Der Eingang in die Tiefe führte in einen mit Mauerwerk eingefassten Vorraum, der acht rechteckige Nischen hatte. Wahrscheinlich dienten sie zur Aufbewahrung von Büchern und persönlichen Gegenständen. Weiter innen fand sich eine Zelle mit den Maßen 1,75 m x 0,85 m, Höhe 1,70 m. Auch dieser Raum war wie der Vorraum mit Mauerwerk ausgekleidet und hatte Nischen, in denen je eine Keramikschale stand; von der Decke hing ein Lampenhalter herab. Auf dem Fußboden der Anlage, die 1991 auf einem Hügel nahe der Straße, die von Jerusalem nach Bethlehem führt, freigelegt wurde, lag ein Skelett. Viermal soll den archäologischen Berichten zufolge eine schwere, sechs Meter lange Eisenkette über Rücken, Schultern und Becken des jungen Mannes geschlungen gewesen sein.

Aus fast allen Jahrhunderten sind schwer verständliche und kaum glaubhafte Bußübungen von Einsiedlerinnen und Einsiedlern überliefert worden. Das Tragen schwerer Ketten war einer der Versuche, die Leidenschaften, die von Gott ablenkenden oder trennenden Gedanken und Handlungen zu vermeiden, sie auszumerzen, sie abzutöten. Rigorose Bußübungen tauchen in vielen Lebensbeschreibungen von Eremiten in allen Jahrhunderten auf, bestaunt oder mit Schrecken beobachtet von ihrer Umwelt. Bis in unsere Epoche hinein. Claire zum Beispiel, eine französische Eremitin in den Hochhäusern eines Arbeitervorortes, nahm sich das überaus strenge Fastenbeispiel einiger Wüstenväter auch für ihr Leben als Vorbild. Die Autoren des französischen

Buches „Gelebte Einsamkeit", die unter anderem auch von Claire erzählen, berichten, dass sie normalerweise von etwas Trockengemüse, Käse, Äpfeln und ab und zu Milch lebte, häufig aber mehrere Tage lang vollständig auf jede Nahrungszufuhr verzichtete. Mit 29 Jahren sei sie an Blutarmut und fortgeschrittener Auszehrung gestorben. [24]

Askese kommt aus dem griechischen: askesis und meint: Übung, heute vielleicht besser mit Training übersetzt. Askese als ein Training verstanden, mit dem der Mensch versucht, das Bestreben sich, seine Bedürfnisse und ihre Befriedigung an die erste Stelle zu setzen und der damit zunehmend schneller rotierenden Egozentrik die Wurzeln zu kappen. Die Wüstenväter und -mütter waren ungemein erfinderisch in ihren Trainingsmethoden, auch wenn diese nicht selten den Verdacht laut werden lassen, Versuche der Selbsterlösung zu sein. Der heilige Thaleles zum Beispiel,[25] der auch Thalleläus von Gabala genannt wurde (um 450), lebte zehn Jahre in einem Käfig, der so eng gewesen sein soll, dass er fast immer den Kopf auf die Knie legen musste. Simeon der Stylit der Ältere beschränkte seinen Aufenthaltsort auf die Plattform seiner Säule. Antonios kämpfte Jahre in der Dunkelheit dumpfer, gruseliger Grabhöhlen. Syrische Einsiedler aus dem 3. Jahrhundert, – die Quellen nennen sie die „Weidenden" – , ernährten sich ausschließlich von dem, was sie in der Natur vorfanden. Ephraim der Syrer, bis heute hoch verehrter Diakon und Hymnendichter (306–373), besingt in bewundernden Hymnen ihre Askese. Das Verständnis für diese Praktiken muss das Wissen um die jeweiligen soziokulturellen Gegebenheiten zu Hilfe nehmen, um den Schleier der Ver-rückt-heiten zu lüften und dahinter den glühenden

Wunsch nach einem reinen Herzen und einer vielleicht schon auf Erden möglichen Gottesschau zu erkennen. „ ... sie relativieren durch ‚Ver-rückt-heiten' – im wahrsten Sinne des Wortes: durch Ver-rückung der eingefahrenen Normen – Zeit, Maßstäbe und Üblichkeiten dieser Welt, um sie als etwas zuhöchst Vorläufiges zu enttarnen, um Zeitgenossen Christi zu werden und das verheißene Neue des kommenden Äon jetzt schon vorweg zu erfahren."[26]

Nicht immer leitete die Klugheit diese Versuche der radikalen Gottsucher in der Wüste. Die Quellen berichten in der Regel nur von denen, deren Methoden mehr oder weniger Erfolg hatten. Von den Gescheiterten erzählen sie nichts, wie auch der junge Einsiedler in der unterirdischen Zelle aus byzantinischer Zeit nirgendwo als bewundertes Vorbild aufgetaucht sein dürfte. Von Abbas Antonios, dem bekanntesten Eremiten der ersten großen Eremitenbewegung, sind Praktiken wie diese nicht weitergegeben worden. Und er selbst warnt deutlich vor Übertreibungen. „Es gibt solche, die ihren Leib mit Bußübungen aufgerieben haben. Da sie aber die Unterscheidungsgabe nicht hatten, haben sie sich von Gott weit entfernt."[27]

Auch von der Wüstenmutter Amma Theodora (um 400) sind sie nicht überliefert, diese radikalen Mortifikationen. Dafür aber ein Rhema, ein Weisheitsspruch, der den Königsweg aufzeigt:

„Nicht Askese, Entbehrung des Schlafes, nicht vielerlei Anstrengung rettet – es rettet allein die echte Demut." Und sie erzählt erläuternd die Geschichte eines Wüstenvaters, den Dämonen quälen. Er will sie vertreiben, diese negativen Bestrebungen, die Laster, hinter denen Kräfte stehen, die den Eremiten von Gott abzudrängen versuchen und beginnt einen Dialog mit ihnen. Er fragt sie: „Wodurch fahrt ihr aus? Durch Fasten?“ Sie antworteten: „Wir essen und trinken nicht!“ „Etwa durch Schlaflosigkeit?“ „Wir schlafen nicht!“ „Oder durch ein Leben in der Einsamkeit?“ „Wir leben in der Vereinsamung!“ „Wodurch fahrt ihr dann aus?“ Sie sagten: „Nichts besiegt uns als die Demut.“[28] Und Abbas Poimen (ca. 340–450), einer der größten Väter der Wüste, wies unbarmherzige Strenge gegen sich selbst klar zurück. „Wir sind nicht gelehrt worden, Leibestöter zu sein, sondern Leidenschaftstöter!“[29]

Den Lichtkegel der göttlichen Beziehung zu verlassen und ihm die feuchten, dunklen Ecken der sich selbst erhöhenden Egozentrik vorzuziehen ist menschlicher Gebrochenheit geschuldet. Es ist wesentlich bequemer, an alten Fassaden nur ein paar Risse zu flicken und einmal überzutünchen als allen Putz abzuschlagen und dann gegebenenfalls bis zum Fundament komplett sanieren zu müssen. Doch selbst wenn dieser Pfusch am Bau des geistlichen Lebens tatsächlich ein diffuses unbehagliches Gefühl auslösen sollte – mit Demut hat das nichts zu tun. Demut erwächst aus der klar erkannten Verfasstheit des Menschen. Sie ist entschieden das Gegenteil von unterwürfiger Bravheit, die um des lieben Friedens willen zu allem Ja und Amen sagt. Demut leitet und lockt den Menschen weiter in die Tiefe der göttlichen Beziehung, sie ist Ursache und Folge geistlichen Fortschritts zugleich und löst die inneren Barrieren dem Anderen, dem Nächsten gegenüber. Und sie führt den Menschen in die zunehmende Bereitschaft, sich zu ändern, den Verweigerungshaltungen und ihren manchmal abgrundtief sitzenden Ursachen nicht nur auf die Spur zu kommen, sondern Fehlentwicklungen und eingefahrene Verhaltens- und Sichtweisen lösen zu wollen, ihnen entgegenzutreten und die Wunden, aus denen sie entstanden sind, heilen zu lassen.

Nicht gerade das Programm für den religiösen Kurzurlaub! Im Gegenteil führt dieses Verständnis von Buße zu einem das ganze Leben andauernden Prozess, in dessen Verlauf nicht nur die echtes, pralles Leben behindernden Fehlhaltungen offenbar werden, sondern das Gesamt der negativen Kräfte von Welt und Menschheit deutlich wird. Für die Wüstenväter und -mütter war es Realität. Sie kämpften nicht „gegen Menschen aus Fleisch und Blut (...), sondern gegen die Fürsten und Gewalten, gegen die Beherrscher dieser finsteren Welt..." wie Paulus im Brief an die Epheser schreibt. (Eph 6,12) Ein Panoramabild der ewigen Auseinandersetzung zwischen Gut und Böse leuchtet damit auf, dass bei der Erschaffung der Welt begann und bei mir in der Klause noch längst nicht endet. Im Herzen des Eremiten findet die Entscheidung statt, mag er in einem einsamen Bauernhaus in Norddeutschland leben oder auf einer österreichischen Alm, am Rande der mauretanischen Steppe oder in den Weiten des amerikanischen Mittelwestens. „Im Kampf mit den Dämonen zeigt sich, was im Herzen des Menschen verborgen liegt und was sein Herz selber ist: der Kampfplatz, auf dem sich das Drama der Heilsgeschichte abspielt und die Welt sich als „neue Schöpfung" erlebt."[30]

In diesem Kampf kann der Eremit nur bestehen, indem er sein Herz offenlegt und immer mehr und immer intensiver zu einer Aufmerksamkeit findet, die ohne Angst auch die dunkelsten und vor Schmutz starrenden Ecken seines Innersten anschaut – mit den Augen Gottes!

2. Buße

Zusammenschau

Viele der heute lebenden Eremiten brachte eine intensive Berührung Gottes, ein urplötzlich wie aus dem Nichts heraus flammender Anruf auf den Weg in die Einsiedelei. Eine niemals zu verdienende Gabe: blitzartig, augenblicksheftig, aber lebenslang nachwirkend diese Liebe Gottes zur Welt, zum Menschen erleben zu dürfen. Und hautnah zu begreifen, dass da einer ist, dessen Zuneigung durchhält. Dessen unbegreifliche, mächtige Liebe diesem einen kleinen Menschen persönlich zugewandt ist und die nicht nach der ersten, mit Sicherheit kommenden Verweigerung dieses Menschen sofort wieder versickert wie ein seltener Regenguß in Steinwüste und Steppe. Ein Geschenk, das auch begreifen lässt, dass dieser Gott mit all seiner Macht und Fülle, mit der gesamten Gewalt seiner Schöpferkraft das Heil eines jeden Menschen unbedingt, unabänderlich auf ewig will. Und dessen Bereitschaft, dem Menschen der umkehrt zu vergeben, grenzenlos ist. Grenzenlos! Wem diese unbegreifliche Vergebungsbereitschaft einmal aufgeleuchtet ist, der erkennt gleichzeitig die Brisanz der Sünde. Er begreift die zerstörerische Wucht der Verweigerungen Gott gegenüber, die nicht nur die Beziehung des Einzelnen zum Leben spendenden Urgrund belasten oder gar zu kappen versuchen, sondern eine Belastung aller sind. Die einzig mögliche, weil einzig entsprechende Antwort darauf ist der Weg der beständigen Umkehr, das permanente Bemühen um die Änderung meines Verhaltens, ist die Buße. Eine Buße, die bei allem Schmerz und aller Scham verbunden ist mit Freude und Zuversicht! Denn die Erfahrung dieser menschlichen Unfähigkeit Sünde aus sich selbst heraus zu vergeben oder sie von vorneherein zu vermeiden, könnte den Eremiten in der Stille seiner Klause zersprengen, wenn, ja, wenn nicht durch Leben, Tod und Auferstehung Jesu Umkehr auch aus tiefster Schuld heraus möglich gemacht worden wäre. Der sich am Kreuz hingebende Jude Jesus, von dem wir bekennen dürfen, dass er Gott von Gott, Licht vom Licht, wahrer Gott vom wahren Gott ist, verbürgt umgeben vom Leuchten der Auferstehung als ewiges Siegeszeichen den Heilswillen Gottes und erinnert zugleich bleibend an die Möglichkeit und die Dringlichkeit der metanoia, der Umkehr.

Für den Völkerapostel Paulus ist dies eine unumstößliche Gewissheit, in der er jubeln kann, in der er alles durchzuhalten und auszuhalten vermag. „Denn ich bin gewiss: Weder Tod noch Leben, weder Engel noch Mächte, weder Gegenwärtiges noch Zukünftiges, weder Gewalten der Höhe oder Tiefe noch irgendeine andere Kreatur können uns scheiden von der Liebe Gottes, die in Jesus Christus ist, unserm Herrn.“ (Röm 8,38–39)

Die Mittel und Ausdrucksformen der Buße sind auch heute sehr unterschiedlich und ihre Vielfalt entspricht den individuell gestalteten Ausprägungen des eremitischen Weges. Grundsätzlich aber gilt: Buße ist ein sich Aussetzen. Sie ist ein sich diesem Gekreuzigten aussetzen, sich der Liebe Gottes aussetzen, ein sich immer wieder immer neu aktiv lösen und lösen zu lassen aus den vielfältigen Abwehrhaltungen und Verweigerungen, aus all dem so zähen und stetigen Wegdriften hinaus aus dem Licht in diffuse Dämmerung und noch weiter in Finsternis. Buße ähnelt dem Schwimmen in einem Strom, der breit und majestätisch zur Mündung strebt und dessen Wirbel und Stromschnellen überwunden werden müssen. Es kommt alles darauf an, in der Mitte zu bleiben, sich der Strömung anzupassen, angesichts der Untiefen nicht zu verzweifeln, die Hindernisse mutig zu überwinden und der Verlockung zu widerstehen, sich an malerischen Sandstränden als Dauercamper niederzulassen.

Die Zurückgezogenheit, die Wanderung durch die innere Wüstenlandschaft, die langen Jahre, in denen der Eremit sich müht, fällt, wieder aufsteht, ringt und jubelt und nicht aufgibt schenken manchmal dann eine Weitsicht, wie sie die klare und reine Luft einer Hochebene erlaubt. Alles wird wie in einem Panoramabild zusammengeschaut: die eigene Schwäche und Neigung zur Verweigerung Gott und dem Nächsten gegenüber; das absolut Gute, das Gott ist und sein durch nichts rückgängig zu machender, unbedingter Heilswille für alle; die destruktive Macht der Sünde, die sich auf die Verbundenheit aller Geschöpfe Gottes auswirkt; die Herrlichkeit des Gekreuzigten; die Freude und Schönheit der Buße. Deutlich wird dies auch mit Blick auf einen Strang der Entwicklung des Terminus‘ Kontemplation. Einer der Ursprünge dieses Wortes ist der Begriff *témenos*. Er bezeichnete in der griechischen Antike das Gebiet, von dem aus der Weise den Vogelflug und die Konstellationen der Sterne, das Irdische und das Himmlische beobachten konnte. Es war der Ort, wo geheimnisvolle Zusammenhänge sichtbar wurden.

Der Kampf des Eremiten im eigenen Herzen ist ein Ort inmitten einer alles umgreifenden, alle einbeziehenden tiefen Verflochtenheit, dieser Verbindung aller miteinander, von der Paulus im Bild des Leibes spricht. Zunächst auf die in Christus hinein Getauften bezogen, stehen letztendlich alle Menschen mit allen in geheimnisvoller Beziehung. Mein Kampf gegen Zorn und Traurigkeit, meine Versuche, den abgrundtief liegenden Ursachen meiner Fehlhaltungen auf die Spur zu kommen, haben darum Auswirkungen auf alle und alles, auf das ganze, unbegreiflich große und staunenswerte Gesamt des erschaffenen Kosmos. Sie haben genauso Auswirkungen auf Jugendliche, die einen Obdachlosen in Panik versetzen und sich an den Bildern der Quälerei ergötzen. Denn „... wenn darum ein Glied leidet, leiden alle Glieder mit ..." (1 Kor 12,26)

Sicher wäre es möglich, Buße anders zu verstehen, als rein humanistisch unterfüttertes Bemühen um sozial verträgliches Verhalten innerhalb von Gruppen und Gemeinschaften zum Beispiel. Und ein Leben in großer Zurückgezogenheit und radikaler Selbsterkenntnis zu leben ist durchaus ohne einen Gottesbezug möglich. Eremitisch ist das nicht. Dazu gehört unabdingbar das Gebet. Ohne das Hören und Fragen, ohne Klage, Bitte und stilles Suchen, ohne den dankbaren Dialog mit dem, der Ursache und Urgrund allen Lebens ist, kann ein Eremit in der Wüste nicht bestehen. Das immerwährende Gebet in der Stille ist darum des Eremiten Hauptaufgabe.

3. Gebet

Ununterbrochen unterbrochen

Als erstes den Computer hochfahren und die Mails sichten. Währenddessen klingelt das Handy – eine wichtige Anfrage. Am äußersten Rand des Gesichtsfeldes blinkt es hektisch: das Display des Anrufbeantworters meldet vier neue Nachrichten. Es klopft. Die Kollegin wedelt mit den aktuellen Ticker-Meldungen, das Bürotelefon klingelt, die nächsten Mails laufen ein, die erste Post flattert auf den Schreibtisch. Und in das Arbeitspapier für die Sitzung, die gleich beginnt, müsste das meiste davon noch dringend eingearbeitet werden ...

Ein normaler Büro-Alltag heute. Jürgen von Rutenberg nennt es den hellen Wahnsinn. In seinem Artikel „Der Fluch der Unterbrechung" listet er die enormen Belastungen auf, die in zunehmendem Maß durch die ständigen Unterbrechungen am Arbeitsplatz entstehen. Allein in den USA sollen der Volkswirtschaft dadurch jährlich 588 Milliarden Dollar Schaden entstehen. Es sei eine Erziehung zum Kurzdenken, schreibt Rutenberg. Das zersplitterte Bewusstsein der Unterbrochenen sei inzwischen die herrschende Geisteshaltung unserer Zivilisation. Zerstreute Leute habe es immer schon gegeben; jetzt seien Aufmerksamkeitsstörungen epidemisch verbreitet. Beim Multitasking gerieten zwar viele in eine Art Adrenalinrausch, die Leistungsfähigkeit aber würde durch die Aufmerksamkeitsstörungen dramatisch verschlechtert. Und wenn die so Unterbrochenen abends nach Hause kämen, ginge es weiter. „... beim Zappen durch die Fernsehkanäle. Auch Dudelradio und Kurzschnittfilme sind auf seine Bedürfnisse zugeschnitten. Das Hirn unseres Helden ist längst darauf konditioniert, sich nur vorläufig auf Dinge einzulassen, größere Gedankenbögen gar nicht erst zu versuchen – und das Speichern so weit wie möglich dem Computer zu überlassen." Dringend müsse etwas dagegen unternommen werden. Aber was? „Die meisten Berufe sind ohne E-Mail kaum noch vorstellbar, eine Rückkehr zur Postkarte unwahrscheinlich."[31]

Kurzdenken. Zersplittertes Bewusstsein. Die Unfähigkeit, in größeren Gedankenbögen Zusammenhänge zu erfassen. Das schnelle Aufeinanderfolgen von Augenblicken in Tagesabläufen, in denen der folgende Impuls den vorhergehenden kappt, der natürliche Konnex von Wachen und Ruhen, von Planung, Aktion und befriedigter Betrachtung des Geschaffenen zersprengt wird. Keine Einheit, nur scharfkantige Bruchstücke, deren Summe ein lebensvolles Ganze vortäuscht, das aber im Gegenteil Geist und Seele immer schneller sich entleeren lässt und dabei subtil Fülle vorgaukelt. Und übrig bleibt ein zerhacktes, auseinandergerissenes, aus dem Zentrum heraus katapultiertes Mensch-Sein.

Was viele noch vor einigen Jahren ansahen als mangelnde Disziplin oder als bedauernswerte Unwissenheit bezüglich der Techniken eines persönlichen Zeit-Managements, stellt sich immer mehr als Destruktion einer grundlegenden Fähigkeit des Menschen als Mensch heraus. Aufmerksamkeitsstörungen sind nicht zu verwechseln mit momentanen Konzentrationsschwächen. Aufmerksamkeit gehört zu den wesentlichen Voraussetzungen menschlicher Kommunikation. Ob Schule, Straßenverkehr, Fabrik oder Großraumbüro – in fast allen unseren Lebensbereichen ist sie gefordert. Doch wer sie ausschließlich als konzentriertes Verfolgen von Unterrichtseinheit, Arbeitsablauf, Sonderangeboten und Börsenkursen versteht, würde sie auf nur Vordergründiges beschränken. Aufmerksamkeit führt weiter und tiefer. Sie richtet grundsätzlich aus auf ein Gegenüber; sie öffnet hin zur Wirklichkeit und dem, was dahinter aufscheint. Aufmerksamkeit ist die grundlegende Fähigkeit mit der eine bewusste, gezielte Wahrnehmung dieser Wirklichkeit überhaupt erst möglich ist. Dabei führt der Prozess des Aufmerksam-Werdens aus der Horizontalen, aus den irdischen Offensichtlichkeiten heraus hin zu dem, was die menschliche Existenz übersteigt. Sie holt den Menschen aus dem zerstreuten Abschweifen, aus der das Erfassen der Wirklichkeit zerstückelnden, pausenlos anbrandenden Ablenkung heraus, leitet ihn in die achtsame Ruhe. Zwar ist sie im Kern passiv, doch muss sie aktiv angestrebt werden, muss eingeübt und immer von Neuem versucht werden. Aufmerksamkeit will erlernt sein. Sie sich zu eigen zu machen bedarf Zeiten des Übens und der Schulung. Manchmal ist es mühsam: Immer wieder geduldig alles loslassen, was einstürmt an Gedanken, Bildern und Eindrücken, behutsam und entschlossen zugleich die innere Kraft sammeln, das Herz ausrichten auf das, was in der Stille hinter allem aufscheint und lockt. Es ist ein Warten, ein zuversichtliches Harren, es ist der beständige Wille sich hinzuhalten, sich dem auszusetzen, was da auf mich zukommt und ruft. Aufmerksamkeit lässt mich suchen indem ich verlange zum Kern der Dinge zu kommen, in die Wahrheit. Sie lässt mich die Grenzen eines Raumes überschreiten, den ich zu kennen glaubte, der mein Weltbild, mein Menschenbild und auch mein Selbstbild zu beinhalten und zu bewahren schien. Ich beginne zu ahnen und vielleicht wirklich zu begreifen, dass ich endlich bin, dass ich Geschöpf bin. Aufmerksamkeit führt mich zum Hören auf das, was außerhalb meiner selbst, außerhalb alles irdischen Daseins existiert und mich anspricht.

Zurückgebracht und geordnet

Diastasimos hat Patrick Roth die zentrale Figur seiner Christusnovelle „Riverside" genannt. 1996 erschienen, beschreibt sie eine biblisch nicht bezeugte Begegnung Jesu mit einem Aussätzigen. Diastasimos, der Gespaltene, der auseinander Klaffende. Der Alte lebt gemieden und mit dem Gerücht des unheilbaren Unglaubens beschmiert in einer Höhle, wo ihn die Brüder Andreas und Tabeas, beides eifrige Apostelschüler, aufsuchen, um auf Geheiß des Thomas die Geschichte des Alten aufzuschreiben. Ein kauziger, bissiger, grimmiger Dialogversuch quält sich zwischen den Dreien um die Vorgänge von damals, kurz vor der Verhaftung Jesu. Der erste Höhepunkt der meisterhaft formulierten Novelle, der ahnen lässt, das eine zweite Ebene, eine zweite Geschichte hinter der vordergründigen erzählt werden muss und erzählt werden wird, ist das Ankommen Jesu und seiner beiden Begleiter Johannes und Judas in der Höhle des Aussätzigen. Diastasimos versucht es, immer wieder aufbrausend, den Brüdern zu beschreiben.

„Hier mußt du wissen, daß er gar nichts gesagt hat, lieber Andreas. Ich weiß nicht, wie ihr das in Schrift fassen wollt. Es war einfach still. Ich war mir innig bewußt, daß niemand auf meine Frage geantwortet, ja daß auch – ich sah von Judas rasch auf Johannes herüber, hierher herüber – daß keiner der beiden antworten würde und ich *ihn* wieder anblicken mußte. Als sei ihm nicht auszuweichen.“[32]

Tabeas möge aber jetzt bitte auf keinen Fall schreiben, dass danach eine Pause entstanden sei oder jemand gezögert hätte. Nein, niemand, nur er, Diastasimos, er habe so getan, als wisse er nicht, von wem der beiden Begleiter Jesu er eine Antwort bekommen könne. Und doch, doch, er hätte es gewusst. Denn in dem Moment, als er ihn selbst angesehen hätte, da wäre es völlig klar gewesen. Immer sei er ihm ausgewichen, immer, obwohl, törichte Rede spreche er, obwohl: er habe ihn ja vorher nie gesehen gehabt, nie und doch sei er immer ausgewichen. Und dieses Ausweichen, es wäre sinnlos gewesen, nicht nur das Ausweichen hier in der Höhle, wo er von dort nach hier gegangen und so dem Blick Jesu ausgewichen sei.

„Ich will euch nur das „sinnlos“ beschreiben, das ich hier meine: sinnlos das Ausweichen hier in der Höhle, sinnlos die Höhle, das Leben, das mich hierher gebracht hat, auch die Eltern, welche in ferner Vergangenheit einmal waren, mich aufzogen, mich angefaßt, sinnlos: als hätte ich Zeit sinnlos, ziellos verbracht, umsonst. Umsonst und jetzt, in diesem Moment, da ich vor ihm stand, für eine Weile ihn sah, denn ich hielt nicht lang aus die Augen, aber die Weile lang, die eine Weile lang: hatte er alles eingeholt, was ich sinnlos verloren, und so alles Verlorene eingesammelt, daß ich verstand. Verstand, *wie* alles verloren, wie so sich zerstreuen *mußte*, verloren jetzt aber und eingeholt, gesät und gestorben, ausgestreut und verdorben sein mußte, um hier zu bestehen, das ist: hier von ihm zu mir zurückgebracht und geordnet zu sein."[33]

Eine der schwierigsten Aufgaben im geistlichen Leben ist das Hören. Es erfordert eine grundsätzliche Offenheit gegenüber dem Geheimnis dessen, was mich anzieht und lockt, das mich persönlich ruft und anspricht. Eine Offenheit, die dem menschlichen Bestreben nach Grenze, Sicherheit, Berechenbarkeit und Kontrolle über sich selbst und die Lebensumstände tief entgegen drängt. Wie groß ist hier oft der legale, verständliche und doch trotzige, manchmal fast verzweifelte Versuch sich abzusichern gegen das, was da anbrandet in den selten gewordenen Momenten der Stille. Was die Stützpfeiler des religiösen – oder des sorgsam aufgebauten gesellschaftlichen – Fundamentes zu unterminieren scheint.

Schwer zu sagen, wann die notwendige Konsolidierung aufhört und eine enge, starre Einkerkerung beginnt. Gerade der ausschließlich dem Buchstaben treue Glaube bewirkt ähnlich wie das totale (totalitäre?) Beharren auf völliger Unabhängigkeit eine fatale religiöse Blindheit. Beide lassen das Herz erbeben durch den Genuss einer sich immerwährend selbst bestätigenden Ordnung; beruhigen scheinbar durch ein Denksystem, in der die alles Denken und Vorstellen übersteigende Fülle des uns umgebenden Geheimnisses nie auch nur ansatzweise Platz findet.

Roths Diastasimos begreift in einem einzigen Augenblick, dass er sein Leben lang ausgewichen ist. Ausgewichen diesem Geheimnis, dass Gott ist. Ausgewichen der hinter allem und durch alles hindurch sickernden Transzendenz, die in dieser von staubigem Schweiß überströmten Männergestalt vor ihm steht und ihn schweigend anschaut.

Ausweichen, weg drehen, überhören und überlagern lassen: wie leicht, wie schnell öffnen wir uns der täglich anschwellenden Flut der unsere Sinne und das Herz überschwemmenden Ablenkungsmanöver der Welt, deren Teil wir selber sind. Es ist eine Flut, die diesen Anruf, diesen Blick übertönt mit all den Wichtigkeiten, Nichtigkeiten, die dem Menschen helfen, sich dem göttlichen Ruf nicht zu stellen. Doch keine Aufmerksamkeitsübung ist wichtiger, ja das Leben fordernder und zum Leben führender als der Versuch, diesen Anruf wahrzunehmen, diesem Blick zu begegnen.

Es ist der Versuch zu hören und immer wieder zu hören und immer neu zu hören, immer klarer wahrzunehmen, dass jemand ruft und dass er mich ruft. Und ich antworte. Ich reagiere auf dieses kaum fassbare Rufen, das mich persönlich meint. Meine Antwort, meine Reaktion ist eine Form der Anerkennung, dass ich den Ruf gehört habe; und es ist meine Hoffnung, doch davon überzeugt sein zu können, dass der, der mich ruft, existiert und wirklich mich meint. Diesen so leisen Ruf, dieses unbegreifliche Angesprochen sein zu vernehmen, ist dem Menschen nur möglich im aufmerksamen Ausstrecken, im gesammelten Hinhorchen, in einem bereitwilligen Öffnen, dessen Bewegung, so zögerlich sie auch sein mag, unmerklich hervorgelockt, ermutigt, erwartet und unterstützt wurde und wird, so dass kaum unterschieden werden kann, wo der Wille zum Öffnen aufhört und das sanft fordernde Geöffnet werden beginnt. Oder geschieht vielleicht alles in umgekehrter Reihenfolge? Der Rufer, der mich von außerhalb meiner selbst anspricht und zur Antwort verlockt und herausfordert, ist mit nichts von dem, was ich kenne, identisch. Er ist anders, fremd und doch auf seltsame Weise vertraut. Meine tiefste Sehnsucht verlangt danach zu ihm zu kommen, ihn zu hören, ihn mehr und mehr kennen zu lernen.

Und jetzt erst wird mein Versuch zu sprechen, dieses tastende Stammeln, jetzt werden alle Worte, die ich lese und formuliere und spreche zum Gebet. Denn ich lasse mich ein auf dieses Angesprochen werden von jemandem, der meine irdische Existenz übersteigt, ich sage Ja, zögernd vielleicht, unsicher, noch scheu oder immer noch misstrauisch, aber ich antworte. Damit ist inmitten der Welt ein Riss entstanden, ein Spalt in der Mauer der Gottesverweigerung und der Gottvergessenheit, eine Öffnung, die sich dem Licht, der heilenden Sorge Gottes nicht mehr verschließt. Ein geöffnetes Herz, das zum Ort wird für die von allen – ob bewusst oder unbewusst – herbeigesehnte Ausbreitung des Gottesreiches; ein kleines Feuer in der Eiswüste unserer Welt.

Gerufen und gestützt durch den, der mich ruft, kann ich eine Offenheit wagen und zulassen, die bis in die finstersten Winkel meines Innersten reicht. Gebet ist Begegnung und immer wieder eine neue und tiefere und steigend radikalere Verwandlung: Ich lasse mich los hin auf den, der mich gewollt und erschaffen hat, der mich von meinem Ego-zentrierten Kreisen löst hin zu mir selbst, hin zu dem Ort in mir, an dem Gott anwesend ist.

Gegenwärtig und erfahrbar

Man kann nicht behaupten, sie hätten eine ausgefeilte Theologie des Gebetes gehabt. Die Wüstenväter und -mütter der ersten großen eremitischen Bewegungen beteten schlicht. Die Herzensruhe, ein Zustand der unverwandt auf Gott ausgerichteten Aufmerksamkeit, die alle Anfechtungen, Wünsche und Begierden irgendwann auslöschen sollte, war das angestrebte Ziel. Die Ruminatio, eine Gebetsübung, bei der die Schrift auswendig gelernt wurde und immer wieder, leise murmelnd, aufgesagt und in Herz und Geist bedacht werden sollte, führte zu einer inneren, den Eremiten sammelnden Haltung. Aus dieser inneren Haltung heraus sich an Gott im persönlichen Gebet zu wenden, war seit der Zeit des großen Antonios eine ständig geübte und bevorzugte Gebetspraxis. Studien, die sich dieses Themas annehmen, gibt es viele, auch wenn erst in letzter Zeit das Augenmerk auf die lange vergessenen und übersehenen Wüstenmütter gerichtet ist. Der Fundamentaltheologe Heinrich Bacht SJ (1910–1986), umriss 1955 in seinem Beitrag „»Meditatio« in den ältesten Mönchsquellen“[34] die beständige geistliche Haltung treffend, wenn er schrieb: „Dem Akt nach handelt es sich – an den meisten Stellen – nicht um einen rein geistigen, innerlichen Vorgang, sondern um ein vernehmbares Aufsagen von Texten und Formeln, dem sich die Mönche allein oder in Gemeinschaft hingeben, wobei sie die Texte entweder auswendig hersagen oder vor sich hinlesen.“[35] (...) „Dem Inhalt nach hat diese Weise des Meditierens fast ausschließlich die Heilige Schrift zum Gegenstand.“ [36] „Wenn diese Weise des monotonen, bzw. singenden Hersagens von Schrifttexten auch eine sehr schlichte Form des Betens (richtiger: der Gebetszurüstung) darstellt, die von einer „Betrachtung“ der Schrift noch weit entfernt ist, so ist andererseits nicht zu übersehen, daß auf diese Weise doch eine große Vertrautheit mit dem Wort Gottes geschaffen wurde.“ Bacht bezieht sich abschließend auf Johannes Cassian (ca. 360–430) als einen Zeugen für die Intension, die der Ruminatio, dem leise murmelnden Rezitieren von Schrifttexten zu Grunde gelegen hat. „In der Einheit von Handarbeit, Schriftmeditation und Gebet sieht es mit Recht die Weise, wie die ägyptischen Mönche ununterbrochen jenes Offizium (Stundengebet M.A.L.) vollziehen, das im abendländischen Mönchtum nur zu bestimmten Zeiten, d.h. in den kanonischen Horen gefeiert wird. Das Ziel dieser unaufhörlichen „Meditation" ist ihm, Cassian „die Schau und die Betrachtung jener göttlichen und über alles erhabenen Lauterkeit."[37]

Die große protestantische Erforscherin des frühen Mönchtums, Fairy von Lilienfeld, wies 1966 in einem Aufsatz nachdrücklich darauf hin, dass für die ersten Eremiten die Worte der Heiligen Schrift keine erbauliche Lektüre waren oder ein Studium der Exegese. Sie schreibt, es sei in den Apophthegmata patrum, den Sprüchen der Wüstenväter, ganz deutlich, „... daß jedes Einzelwort Jesu für die Väter in die ganze Wirklichkeit der neuen Lebensgestalt einführt, wenn es vom Einzelnen ergriffen wird und er sich, es anscheinend allein praktizierend, auf den „schmalen Weg" (Mt 7,13.14) begibt, den die App (Apophthegmata patrum, M.A.L.) so oft zitieren!"[38] Und es sei die Lebensweise der Mönche, die das Wort der Schrift auslege! Nicht durch hermeneutische Kommentare oder theologische Abhandlungen, sondern in der Art und Weise, wie der Abba oder die Amma das Wort Jesu jeweils ganz persönlich umsetze im Alltag, werde es gegenwärtig und vor allem erfahrbar.[39]

Das Wort der Schrift, von dem wir bekennen, dass in ihm Christus gegenwärtig ist, soll im Blut singen, zum Herzschlag und zum Atem werden, zum täglichen Brot, zum Leben. Die Psalmen galten dabei als Lesung, an der das eigene Beten sich formen sollte und die den Eremiten und die Einsiedlerin hinein zog in den großen Strom der Abertausenden, die sie schon vor ihnen rezitiert hatten. Auch wenn die ersten Eremiten keine ausgefeilten, durch und durch strukturierten Gebetsformen hatten: Die Ruminatio und die daraus aufsteigenden Gebete hielten Geist und Herz in der Ausrichtung auf Gott. So intensiv konnte diese einfache Gebetsform hinein reißen in die Nähe Gottes, dass sie den Beter im Wortsinn entflammten, dass er wie zu Feuer wurde.[40]

Lange blieb die Ruminatio bestimmendes Element. Doch schon im 4. Jahrhundert begann eine steigende Ritualisierung des Gebetes. Georges Descœudres, Zürcher Professor für Kunstgeschichte des Mittelalters, beschreibt in einem Vortrag über die Mönchssiedlung Kellia, nahe des ägyptischen Nildeltas, wie massive Veränderungen an den baulichen und dekorativen Elementen der Eremitagen darauf schließen lassen, dass die Entwicklung des zumeist gesungenen Stundengebetes in den Bischofskirchen, des sogenannten Kathedral-Offiziums, auch eine tiefgreifende Wandlung der Spiritualität der Wüstenväter und -mütter mit sich brachte.[41]

Gegen heftigen Widerstand zumeist. Die Apophthegmata patrum berichten von einer vehementen Polemik. Altvater Pambo (320–390), ein Zeitgenosse des großen Antonios und bekannt mit Athanasios (ca. 295–373), dem Erzbischof von Alexandrien und Biograf des Antonios, reagiert mehr als unwirsch auf seinen Schüler, der vom Markt aus der Stadt zurück kommt und voller Staunen berichtet, dass dort die Psalmen gesungen würden. Und völlig neu: auch Troparien hört er, Hymnen in Liedform, wie sie bis heute im orthodoxen Gottesdienst gebräuchlich sind.[42] Wäre das nicht auch etwas für Abbas Pambo und seine Schüler?

Die Polemik des Pambo und anderer hat sie nicht verhindern können; die zunehmende Ritualisierung des Gebetes ist durch alle Jahrhunderte bis heute nachzuverfolgen. Trotzdem leuchtet die ursprüngliche Form des Gebetes der ersten Eremiten wie ein klares stilles Licht herüber in unsere Zeit und erinnert daran, dass nicht eine Menge erbaulicher Worte, ein kunstvoller Aufbau oder penibel eingehaltene Vorschriften das Herz ausrichten auf das, was wichtig ist, wozu sich der Mensch in die Wüste begibt. „Tatsächlich waren ihre beiden Offizien mit ihren je zwölf Psalmen und den entsprechenden Gebeten auch nicht sonderlich lang. Auch die zahlreichen „Gebete“, die sie unter Tag während ihrer Arbeit verrichteten, überschritten nicht die Länge eines Vaterunser, von den kurzen Stoßgebeten, die nur ein paar Worte umfaßten, ganz zu schweigen“, beschreibt es der Tessiner Eremit Gabriel Bunge, einer der profiliertesten Kenner der Schriften des Wüstenvaters Evagrios Pontikos (346–399). „Denn das Ziel ist es ja, den Geist den ganzen Tag über im Gebet“ zu halten.“[43]

Mühe. Mühe? Mühe!

In den meisten Kirchen stehen sie noch, diese Heiligen. Glatte Gewänder, glatte Gesichter – und der seelenvolle Augenaufschlag signalisiert: hier steht kein Mensch mehr, eigentlich schwebt hier bereits ein aller menschlichen Sorge enthobener Engel. Ähnlich wie viele höchst erbauliche Heiligengeschichten sind diese Statuen aus Gips oder Holz Manifestationen einer unstillbaren Sehnsucht nach schmerzfreiem Leben. Und einer Vorstellung, dass trotz Pfeil und glühendem Rost, trotz Feuer und Schwert diese Heiligen vom Schmerz nicht stärker berührt wurden als unsereiner von mittelschwerem Zahnweh. Die perfid sadistischen Quälereien seitens der Verfolger bei den Märtyrergestalten zum Beispiel spiegeln sich in Mimik und Gestik kaum wider. Bestes Beispiel dafür dürften Vita und verschiedene Darstellungen der Heiligen Agatha von Catania sein, die zeigen, wie die junge Christin nach grausamer Folter ihre abgetrennten Brüste auf einem Tablett vor sich hält und dabei mit sanft leidendem Gesichtsausdruck nach oben blickt.

Sicher suchten Bildhauer, Maler und Hagiografen immer auch nach einer adäquaten Umsetzung dessen, was die Kirche mit ungeschuldeter Gnade bezeichnet: Nicht zu verdienende Gabe der Teilhabe am Leben Gottes, die sich unserer Erfahrung zwar entzieht, aber in Werk und Ergebnis unseres Handeln aufscheinen kann.

Was in der Bilder- und Legendensprache früherer Zeiten als Ausdruck der intensiven Gottesbeziehung gedeutet wurde, vermittelt heute die unrealistische Vorstellung, dass Heiligkeit und Gottverbundenheit Leid und Schmerz abdämmen oder glattweg den Menschen nicht mehr treffen. Gnade als Teilhabe an der vermuteten Leidensunfähigkeit Gottes? Diese Meinung ist weit verbreitet und vielleicht eine besonders verblüffende Rückwirkung des Mainstreams, der Spiritualität und Religiosität auf gleicher Ebene ansiedelt wie den Konsum.

Die Vorstellungen vom Gebet in der Klause malen ähnliche Bilder bis hin zu der jeden Kontemplativen überraschenden Annahme, Eremiten – selbst die modernen Einsiedler von heute – wären des Bußsakramentes nicht mehr bedürftig.

3. Gebet

Doch was heißt Beten in der Stille, in der Zurückgezogenheit, im Allein-Sein vor Gott? Ist es leichter?, schwieriger?, begnadeter als das Gebet in Gemeinde, Familie und in den wenigen Minuten, die der normale Christ in der Hektik seines Alltags für sich ergattern kann? Der Austausch unter den Schwestern und Brüdern auf dem eremitischen Weg in den letzten Jahren zeigte, dass fast alle eine Erfahrung gemacht haben, ja, machen mussten: Egal ob das Klischee von der friedlich in ihrer Hütte lebenden Waldschwester die Vorstellungen prägte oder der einem Engel gleiche Asket in Sandwüste und der von Steinen übersäten Einöde: Das immerwährende Gebet in der Klause ist schwer, es macht Mühe und es führt den Eremiten manchmal in eine ganz andere Richtung als gedacht. Denn die Stille in der an Ablenkung armen Einsiedelei wirkt wie ein Brennspiegel. Und keine Mitschwester und kein Mitbruder stützen mit ihrem Dasein, mit ihren Stimmen oder mit einem tröstenden Wort die Aufmerksamkeit des Betenden. Mit dem Beginn des eremitischen Weges setzt sich ein Prozess in Gang, der das bisher geübte, gewohnte, ja, vielleicht gewohnheitsmäßig verrichtete Gebet einer harten Probe unterzieht. Selbst langjährig eingeübte Formen wie das Stundengebet können dann plötzlich zäh werden und die Freuden vergangener Jahre an Psalmengesang und jubelnden Hymnen, am stillen Gebet vor Kreuz und Monstranz gerinnen allmählich zu dickflüssigem, kalten Sirup. Wie taub vergehen solche Tage, wie monoton sind die Gebetszeiten, die, irgendwie notwendig zwar, aber ohne Trost, ohne Helle, mit nichts behaftet sind als mit dem Muss einer alltäglichen Verrichtung. Trotz dieser Stille, die lang ersehnt wurde, um tiefer hinzusinken in die Gottesfreundschaft, in die größere Gemeinschaft mit ihm, der rief, trotz der endlich erlangten Zurückgezogenheit, für die der Verzicht auf Familie, Klostergemeinschaft und Freunde in Kauf genommen wurde, trotz all dem wird unausweichlich deutlich: Ich bin laut, lärmend wie ein Marktplatz, und der mächtige Andrang einer Sturmflut von banalen Gedanken tobt und reißt an der Sammlung vierundzwanzig Stunden lang. Sie mischen sich unter meine Gebete, schmuggeln sich hinter das Wort Jesu, überlagern alle Versuche zu Aufmerksamkeit und Konzentration. Zweigleisig, ja, in drei Schichten zugleich gespalten scheint, was früher als leicht zu vollziehende Herzenshingabe galt, vollends unmöglich geworden zu sein. Der Mund betet müde: Gott, du mein Gott, dich suche ich, gleichzeitig sehnt sich das Herz verschämt nach tröstenden, lichten Emotionen, währenddessen der Geist verzagt auszurechnen versucht, ob es in diesem Monat für die Miete reichen wird.

Und hinter allem tauchen Gespenster auf, deren Gezischel und Gespotte nur eines zu bestätigen scheint: Ich bin unfähig zum Gebet in der Stille; meine Berufung ist ein bitteres Trugbild und das Klügste wäre es, sofort aufzubrechen und irgendetwas sinnvolles zu tun.

Den Tag über sind Kämpfe wie dieser noch auszuhalten. Auch in der Klause muss gefegt und gespült werden, die Arbeit für den Lebensunterhalt – in der Klause oder außerhalb – will getan sein und der Weg zur Heiligen Messe, zu Einkauf oder Arztbesuch, mildert die Bedrückung. Aber nachts, nachts ist die Klause doppelt still. Die Nacht, sie ist die große Freundin des Eremiten. Die Stunden mit ihr helfen, weil sie den Menschen auf dem eremitischen Weg zwingen sich zu stellen. Ihre Lautlosigkeit ist wie ein stiller See, auf deren Oberfläche sich zunächst die Schrecken aller Abgründe des Menschen abzubilden scheinen. Denn des Nachts ist nichts zu hören außer dem Sturm der Gedanken und der flehentlichen Bitte um Klarheit. Nichts geschieht in der Nacht, als das die Schleier weggezogen werden, die dem Menschen mitleidig seinen Zustand verborgen gehalten hatten. Und es gibt keinen anderen Weg, es gibt keinen ehrlicheren Weg als standzuhalten und aus allen Ecken des Herzens die Krumen des Vertrauens auf Gott zusammenzukratzen und sie dem, der in diese Stille hinein lockte, hinzuhalten. Immer wieder. Solange, bis es unumstößlich klar vor Augen steht: Mein Gebet in der Stille ist Geschenk. Meine Aufmerksamkeit und Sammlung ist Geschenk. Meine Berufung, mein Leben, mein Atem sind reines Geschenk. Sein Geschenk, mir gegeben, damit ich lebe um Gottes willen.

Lang, endlos lang, lebenslang ist dieser Prozess, der in den Stunden der Nacht seltene Augenblicke schenkt, welche die übergroße und grenzenlos allen geltende Liebe Gottes kristallklar deutlich werden lassen. Ebenso deutlich wie die Notwendigkeit von Anfechtung, Trokkenheit, schmerzhafter Selbsterkenntnis und der Bitte um Vergebung. Denn es geht nicht darum, schön zu beten. Es geht nicht darum, alle Vorgaben, Rubriken und Pflichtgebete minuziös und ordentlich abzuleisten, zu verrichten. Es geht darum, sich dem Anruf Gottes an mich persönlich zu stellen und zu antworten. In Dankbarkeit und Lob, in Klage und Bitte, mit einer langsam aber stetig wachsenden Bereitschaft, ihm alles zur Verfügung zu stellen. Und die Anfechtungen, Trockenheiten und die schmerzhafte Selbsterkenntnis zu begreifen als notwendige Wüstenerfahrung, also Klärung, die meine Motivation und mein egoistisches Wünschen von dem Akt der lauteren Hingabe einer reinen Anbetung

Gottes zu unterscheiden lehrt. Wie in einer Spirale, in der sich alles wiederholt, nur jeweils eine Spur tiefer, führt den Eremiten das Beten wollen und Beten lernen weiter und tiefer hinein in eine das ganze Sein umfassende und durchtränkende Gottesbeziehung. Und unabdingbar dazu gehört, weil der menschlichen Gebrochenheit geschuldet, dass er auf jeder Stufe, jeder Ebene, in jeder Phase neu zu akzeptieren hat, dass das Gebet Mühe *ist*!

Die alten Wüstenväter und -mütter wussten das nur zu gut. Als Brüder einmal zum Altvater Agathon (um 350) kamen um ihn zu fragen, welche Tugend in einem Leben der Nachfolge wohl die größte Anstrengung verlange, antwortete Agathon: „Verzeiht mir, aber ich denke, es gibt keine größere Mühe als das Beten zu Gott. Überall, wo der Mensch beten will, wollen ihn die Heilsfeinde abhalten. Denn sie wissen, daß ihnen von keiner Seite mehr Behinderung droht als vom Gebet zu Gott. Was immer für einen Wandel der Mensch sich wählt, wenn er dabei aushält, dann gewinnt er (die Herzens-) Ruhe. Das Beten aber verlangt Kampf bis zum letzten Atemzug.“[44]

Hineingenommen werden und hinein nehmen

Das Kurzdenken, das zersplitterte Bewusstsein seiner „Bürohelden“ ließ Jürgen von Rutenberg in seinem ZEIT - Artikel keine Ruhe. Zum Schluss seiner Liste der aufgedeckten negativen Veränderungen durch die Diktatur der Informationstechnologie sucht er nach Lösungen. Den Zumutungen der digitalen Welt seien bis jetzt kaum geeignete Maßnahmen entgegengesetzt worden, schreibt er resümierend. Manche Firmen würden ihre Leute einmal die Woche zum Arbeiten nach Hause schicken oder sogenannte „E-Mail-freie Freitage" einrichten. „Dan Russell, ein Forschungsmanager bei IBM, der sich vor fünf Jahren auf dem besten Wege wähnte, ein ‚Sklave der E-Mail' zu werden, hat sich seither emanzipiert. Seine E-Mails schließen mit den Sätzen: 'Schließe dich der Slow-E-Mail-Bewegung an! Lies E-Mails nur noch zweimal am Tag! Hol dir deine Lebenszeit zurück und lerne wieder zu träumen!'

Ein Siegeszug war die Slow-E-Mail-Bewegung bisher nicht, aber der Ansatz ist gut. Ob zweimal am Tag, alle zwei Stunden oder alle zwei Tage: Wir brauchen alle einen – anderen – Rhythmus."[45]

Rhythmus, die gleichmäßige, sich wiederholende stetige Bewegung. Das Wort stammt aus dem Griechischen, rhythmós: der taktmäßige Ablauf von Hin und Her, von Auf und Ab, ähnlich dem Strömen und Fließen der Meereswellen, ein Fluten und Wogen in Ebenmaß und einer Ruhe voller Kraft.

In der Klause wird der Rhythmus bestimmt durch das Gebet. Die ausdrücklichen Zeiten des Betens strukturieren den Tag und meist auch die Nacht. Die Form ist zweitrangig – ob monastisches, vorkonziliar-römisches oder nachkonziliar-römisches Brevier, ob die Weise des Gebetes der Brüder von Taizé oder individuelle Zusammenstellungen analog des „Kleinen Offiziums" der Wüstenväter und -mütter der ersten Jahrhunderte. Immer aber gehören die Tagzeiten zusammen mit der ebenfalls persönlichen Gestaltung der Ruminatio oder einer anderen Form, die den Geist beständig in der Ausrichtung auf Gott hält. Jeden Tag, jede Woche, jeden Monat im Rhythmus des kirchlichen Jahreskreises, im Ablauf von den Feiern der Menschwerdung Gottes in Jesus Christus, seinem Leidensweg, seinem Tod und seiner Auferstehung und der Sendung des Heiligen Geistes über der Ausbildung der Jünger und ihrer Sendung bis zum Jahresschluss, der sicheren Hoffnung auf ein ewiges Leben nach dem Tod. Einschwingen in den großen Bogen der Wirklichkeit Gottes, die nicht aufhört, den Menschen zu suchen und zu sich zu rufen.

Leicht ist das nicht. Aber sinnvoll. Selbst wenn über lange Phasen die Mühe überwiegt, es zu staubtrockenen und erschöpfenden Wegstrecken kommt: das Allein sein in der Klause in Stille und Zurückgezogenheit, im Rhythmus von Gebetszeit und Arbeit, jederzeit umfangen von einem Wort der Schrift, hält den Eremiten im einladenden Sog der alle Vorstellungen übersteigenden Liebe Gottes.

Dazu betet der Eremit in der Regel allein. Auch wenn es manchmal Gäste gibt, die sich in seiner Stille wagen einzulassen auf den an sie ergehenden Ruf, ist das Gebet im Gleichmaß seiner Tage ein einsames Gebet. Schlicht, ohne Verzierungen sozusagen. Nur die Menschen, die der Eremit in sein Herz hinein nimmt, für die er bittet, bevölkern nicht selten dicht gedrängt das Oratorium oder die Kapelle.

Und dann wird es manchmal spürbar, wahrnehmbar, in seltenen Momenten, in diesen kostbaren Augenblicken, in denen die Zeit aufhört, das Wollen und Suchen plötzlich versickert und wo in einem Augenblick endlos hell-strömender Ruhe klar wird: Meine Antwort ist angenommen.

4. Schweigen

Das leise Säuseln

Mehr als dreißig Jahre ist es her. Es war eine Fernsehsendung, Stil: Beratung in schwierigen Lebenslagen, alles natürlich live. Das Studio war dezent farblos grau, links gut instruiertes Publikum, das artig zuhörte, rechts das Podium mit den Experten. Ein Psychologe referierte über Traumata und seine Arbeit mit traumatisierten Menschen. Leicht und locker, das kam an, die neuesten Erkenntnisse, erprobte Therapien, kaum Probleme. Fragen aus dem Publikum waren erwünscht. Nettes Geplänkel wechselte vom Zuschauerraum zum Podium und zurück. Dann stand ein Mann auf. Groß, massig, mit einem runden Kindergesicht. Am Bildschirmrand sah man, wie der Mikrofongalgen zügig in die richtige Position gefahren wurde. Der Mann erzählte, kurz, aber flüssig, leise von den Misshandlungen und Vernachlässigungen durch die Mutter. Und von den jahrelang kaum ertragenen Folgen dieser schwerwiegenden Traumatisierung. Das höflich mitfühlende Interesse des Publikums war greifbar. Der Mann schloss seinen Bericht mit dem Satz: „Und dann habe ich mein Trauma getötet, ich hab' sie umgebracht."

4. Schweigen

Wie das taube Gefühl, das entsteht, wenn ein heftiger Schlag menschliches Gewebe trifft, so stand schockartig, urplötzlich ein Schweigen, wie hinein gefroren, zwischen den dezent grauen Studiowänden. Als hätte eine mysteriöse Vorrichtung abrupt alle Emotion, alles Leben aus diesem Raum gesaugt. Es war ein Schweigen, als seien positive Gedanken nicht mehr zulässig.

Schon Einsamkeit wird im Verständnis der Menschen heute ambivalent gesehen, doppeldeutig, schwarz und weiß, also auch doppelwertig. Für das Schweigen gilt dies noch wesentlich stärker. Mehr noch: Schweigen ist gefährlich. Man muss es meiden. Zumindest die Möglichkeiten, in denen echtes Schweigen auftreten könnte, sollten eng begrenzt und nur im Rahmen strikt eingehaltener Bedingungen angeboten werden. Schweigen ist peinlich. Es macht unsicher. Ein Schweigen zur rechten Zeit knickt jedes Gespräch, zerstört jede Stimmung, lässt Menschen sich umdrehen und gehen und nicht wiederkommen. Und manchmal gibt es Tage, da erscheinen die Städte wie aufgescheucht, als seien konspirativ alle verwickelt in die Vorbereitungen eines alle Bewohner umfassenden Fluchtversuches vor dem Schweigen. Jeder Winkel baut seine eigene Geräuschkulisse auf, stille Plätze oder Orte der Ruhe sind nicht zu finden. Sogar in den dämmerigen Hallen der Kirchen läuft meditative Dudelmusik über die Lautsprecheranlagen.

In allen Weltreligionen hat das Schweigen einen hohen Stellenwert und gilt als der Raum, in welchem dem Heiligen begegnet werden kann. Dieses Wissen ist tief, ja archaisch verankert im Menschen, und je tiefer eine Weisheit im Menschen verankert ist, umso größer die Angst vor der Konfrontation mit ihr für die, die sie verleugnen. Dem Heiligen zu begegnen, hat den Charakter einer Revolte, die das eigene Leben aus den Angeln hebt. Nicht heben könnte. Hebt!

Und doch. Trotz all der modernen Angst vor dem Schweigen wird es gesucht. Die Sehnsucht, das Verlangen nach dem, was das Schweigen verspricht, wächst ebenso wie die Suche nach Vorbildern, nach Menschen, die es kennen, die es leben oder gelebt haben, das echte Schweigen. Menschen, welche die Lautlosigkeit dieses Ortes erfahren haben, der wie das Auge eines Tornados vor dem Getöse der Welt abschirmt.

Zur Gottsuche gehört das Schweigen wie das Atmen zum Leben.

Eine der großen Prophetengestalten des Alten Testamentes steht wie keine andere für den Typ, das Urbild des schweigenden Gottsuchers: Elija aus Tischbe in Gilead im Bergland östlich des Jordans. Und seine Geschichte im ersten Buch der Könige funkelt und sprüht von Konnotationen zum kontemplativen Leben wie eine Hand voll kunstfertig facettierter Diamanten auf schwarzem Samt. Spannend ist die Erzählung aus dem 9. Jahrhundert vor Christus, spannend und hoch dramatisch.

Elijas erfolgreiches Duell mit den Baalspriestern – einer gegen 450! – ruft bitteren Hass hervor bei Isebel, der Frau des Königs Ahab. Isebel ist Anhängerin des Baalskultes und als die große Gegenspielerin Elijas eine Art weltlicher Gegenentwurf zum Propheten. Wutentbrannt über das Massaker an den Baalspriestern lässt sie dem Gottesmann durch einen Boten entgegen schleudern, dass sie ihn töten werde. Ihre Ankündigung treibt Elija in die Wüste. Im Nacken die Angst vor der Ermordung, sein angebliches Scheitern vor Augen, – „Nimm, Herr, mein Leben, denn ich bin nicht besser als meine Väter" – es ist eine Last, die er nicht tragen will. Lieber sterben, lieber den einsamen Tod unter glühender Wüstensonne, als in die Hände dieser von bitterem Hass erfüllten Furie fallen. Erst die Hilfe des Gottesboten, der ihm Brot, in der Asche gebacken und Wasser bringt, lässt ihn den Weg wandern, den er nehmen soll. Es geht gen Süden, hin zu dem Ort der wichtigsten Gottesoffenbarung aus der Jugendzeit Israels. Ein langer Weg ist es von der Ebene Jesreel zum Sinai-Massiv hinunter. Ein sehr langer Weg, der zeichenhaft, prophetisch hinweist auf die Ursprünge der Gottesbeziehung seines Volkes. 40 Tage und 40 Nächte wandert Elija, allein, schweigend, unter einer Sonne, die alles ausdörrt, auf steinigen, unebenen, gewundenen Wegen, den launischen, trockenen Südwind im Gesicht. Die Höhle auf dem Gottesberg Horeb, in die er sich, endlich angekommen, zurückzieht, um die Nächte zu überstehen, ist Schutzraum, ein bergender Schoß, ein halbwegs sicherer Ort vor den Bedrängnissen der äußeren und der inneren Wüste. Und JHWH beginnt ein Gespräch. Doch Elija hadert. Wie mit dem Rücken zur Wand sitzt er in seiner Höhle und klagt und jammert, vielleicht resigniert, uneins mit sich selbst, vielleicht erfüllt vom Schmerz des gekränkten Stolzes und der angekratzten Eitelkeit. Die Reaktion Gottes verblüfft. Keine Rechtfertigung, kein Schlag ins Gesicht, keine zornige Drohrede, nur die Forderung: Komm heraus und stell dich! Stell dich dem Herrn!

Nur ein paar Schritte mag es weit gewesen sein, nicht einmal einen Steinwurf entfernt, doch mit dem Eingang der Höhle wird die Grenze deutlich, die zu überschreiten dem Menschen von sich aus nicht möglich ist. Die Grenze, die Dead-Line, wo der Bereich der eigenverantwortlichen Sicherung und Bewahrung menschlicher Existenz endet, wo auch die eigene Mühe und alle eigenen

Versuche enden und der Bereich beginnt, in den hinein nur Gott rufen und leiten kann. Und der Herr zieht an der Höhle vorüber. Und im Schweigen des nächtlichen Horebgipfels erhebt sich ein starker, heftiger Sturm. Er zerreißt die Berge und zerbricht die Felsen, er zerreißt die Überheblichkeit menschlicher Allmachtsphantasien und die das Herz zu Stein verhärtende Leistungsmentalität. Doch der Herr ist nicht in diesem Sturm.

Und er ist nicht in diesem Erdbeben, das die Fundamente des Weltbildes und Selbstbildes zerrütten und zerstören kann und manchmal zerstören muss, und er ist nicht im Feuer, das die Gottesvorstellung reinigt und die Bilder, die aus jedem Trümmerstück neu entstehen und wie die Schlangen auf den Gorgonenhäuptern im Geist des Menschen züngeln und ihn verwirren können.

Nach Sturm, Erdbeben und Feuer kommt ein leises, ein sanftes Säuseln, kommt die „Stimme verschwebenden Schweigens", wie es der große jüdische Religionsphilosoph Martin Buber (1878–1965) formulierte. Und Elija verhüllt sein Gesicht, kommt aus dem Schutzbereich der bergenden Höhle heraus und stellt sich dem Herrn.

Schweigen und Nicht-Schweigen

Auf der Prioritätenliste der wichtigsten Existenzialien nahm das Schweigen bei den Wüstenvätern und -müttern einen der ersten Plätze ein. Zumindest die Apophthegmata patrum bewerten, wenn man nach der Häufigkeit der erwähnten Stellen in den Rhemata, den Weisheitssprüchen geht, nur die barmherzige Zuwendung zum Nächsten höher.[46]

Das lebendige Beispiel eines Abbas oder einer Amma zählte dabei stärker als schriftlich fixierte Regeln oder mahnende Predigten, wie das viele Beispiele zeigen.

So ist eines Tages Altvater Johannes Kolobos (um 450) auf dem Weg zur Kirche und hört wie einige Brüder sich streiten. Kurz entschlossen dreht er um und geht zu seinem Kellion, seiner Einsiedlerklause zurück. Zum Erstaunen aller aber betritt er seine Klause nicht sofort, sondern umrundet das Kellion in Ruhe dreimal. Dann erst begibt er sich hinein. Einige Brüder beobachten das seltsame Verhalten des Altvaters. Und sie fragen ihn, warum er das tue. Abbas Johannes antwortet: „Meine Ohren waren von den Streitereien voll und ich ging deshalb herum, um sie zu reinigen, damit ich in Ruhe in mein Kellion eintreten konnte."[47] Was für eine sanfte und sicher nachhaltige Zurechtweisung!

Es ist eine seltsame Sache, dieses Schweigen. Sich der überflüssigen Worte zu enthalten, des Geschwätzes und Geplauders, diesem Wortgeklingel mit all seinen Phrasen und dem unerträglichen Schwulst an geistlosem Small-talk, sich dem zu verweigern fällt nicht besonders schwer. Ebenso wäre es leicht, auf die verbalen Nadelstiche und Fischmesserduelle in Familie und Büro und am Bäckertresen zu verzichten und sie durch Schweigen zu ersetzen – wenn, ja, wenn damit schon empfangen würde, was durch das Schweigen geschenkt werden will. Es reiche nicht, einfach nur den Mund zu halten, soll Teresa von Avila ihren Schwestern im Karmel gesagt haben.

Nur einfach Schweigen ist Schweigen, mehr nicht. Nur einfach Schweigen ist sinnlos, wenn nicht im Schweigen durch das Schweigen der Wurzelgrund aller Worte neu sichtbar, wahrnehmbar werden könnte. Im

Schweigen lebe ich gegen die Wortverdrehungen der Welt, stemme mich gegen die subtile Giftmischerei, die das reine Wort als Transportmittel für ihre marktschreierischen Zwecke missbraucht.

Ja, es reicht nicht, nur einfach den Mund zu halten. Alles muss zum Schweigen kommen, alles in mir, in meinem Denken, in meinem Herzen, alles muss still werden, muss gehen und dem Schweigen Raum geben. Denn wer schweigt will hören. Nicht sich selbst und das Getöse der inneren Unruhe, das lauter sein kann als der Lärm der abendlichen Rushhour in einer Millionenstadt. Wer schweigt, will mehr hören als die Geräuschkulisse der Welt, auch wenn sie aus idyllischem Vogelgezwitscher besteht. Vielleicht ist anfangs die Sehnsucht unbestimmt, vielleicht weiß der, der das Schweigen beginnt und übt, nicht einmal, was genau er sucht. Nur die Sehnsucht in dieses unbekannte Gebiet der Wortlosigkeit zu gelangen, lässt nicht nach und zieht und lockt.

Das Schweigen enthält ein Versprechen, es birgt ein Geheimnis und dieses Geheimnis zu enträtseln, ihm auf die Spur zu kommen, lässt den Sucher durchhalten. Denn dieser so rätselhafte Weg ins Schweigen führt zunächst schlicht in die Konfrontation mit meinem inneren Lärm, lässt mich die Gedanken wahrnehmen, die so fromm beginnen und in erschreckender Boshaftigkeit enden können. Doch wer ins Schweigen gehen soll, den hindert letztendlich nichts daran. Auch der Schmerz nicht, den das zunehmend geschärfte Ohr auslöst, weil der falsche Zungenschlag deutlich wird, der auch meinen Worten anhaftet, dieses Timbre des Eigennutzes und all die Manipulationen, die ich mit meiner Sprache versuche, im Selbstgespräch und in den Dialogen mit anderen. Oder das Urteilen und Verurteilen, dieser manchmal so subtile

Vorgang der Selbsterhöhung, der den Nächsten ein paar Klassen herunterstuft, um die Fassade der eigenen Wichtigkeit effektvoller anstrahlen zu können. Ebenso wie die süße Frucht der Selbstbespiegelung, die bitter schmeckt, wenn klar wird, von welchem Baum ich sie gepflückt habe. Gedanken, Bilder, Urteile und Vorurteile zu lassen, abzugeben, Augen und Ohren des Herzens zu reinigen wie Abbas Johannes auf seinem Gang um das Kellion – das Schweigen zu lernen dauert. Man brauche zwei Jahre, um sprechen zu lernen und fünfzig Jahre, um schweigen zu lernen, soll Ernest Hemingway gesagt haben.

Und dann manchmal geschieht es. Unverhofft, plötzlich, als ginge eine Tür in mir auf, leicht und wie schwerelos gehe ich hindurch, betrete das Schweigen wie einen geschützten, unendlichen Raum der Stille und höre, ganz wach, ganz da, ohne Anstrengung. Ein Hören ist es und ein Vernehmen ohne Last.

So bleibe ich. Vielleicht nur einen kurzen Moment, vielleicht für längere Zeit und jedes erneute Eintreten und Bleiben in diesem Raum der Stille verwandelt mich, hilft neu und tiefer die Gedanken und Urteile, das Geschwätz und Geplapper zu lassen und Ohr zu werden für den Anruf, für den, der mich einmal rief. Auch wenn dieser jetzt schweigt, sich nicht meldet, seine Stimme, von der ich hoffe, sie einmal für immer hören zu können, eben nicht wahrnehmbar ist. Schweigen kann wie Sterben sein, wie ein endgültiges Lassen von allem oder ein langes, langes Warten. Ich kann die Stimme nicht zwingen zu sprechen, ich kann nur aufmerksam warten, harren, hoffen und immer wieder alles lassen, bis nichts mehr da ist, was ihn hindern könnte, mich erneut zu rufen. Keine Bilder, kein angelerntes Wissen, kein Stolz auf Tugend, keine spirituelle Erfahrung, nur Armut.

„Meint ihr, ich hätte ein geistiges Leben? Ich habe keins. Ich bin Dürftigkeit, ich bin Schweigen, ich bin Armut, ich bin Einsamkeit, denn ich habe auf Geistigkeit verzichtet, um Gott zu finden, und Er ist es, der auf dem Grund meiner Dürftigkeit predigt ..."[48]

Der Nicht-Andere

Und ich stehe in diesem unendlichen Schweigen, in diesem grundlos, ohne Boden erscheinendem Ozean, in diesem Universum, dessen Sternengefunkel nur Lockmittel ist, sich tiefer zu lassen, tiefer einzulassen in diese Unbegreiflichkeit. Alle Gottesbilder zerfallen auf diesem Weg, alle Vorstellungen von Gott zerstäuben, entlarven sich als Hilfsmittel für meinen kleinen, ängstlichen, menschlichen Geist, der ihrer bedarf um den Glauben zu wagen. Der Hauch, dieser Anhauch grenzenloser Weite, der hier den suchenden Geist des Menschen erreicht, löst Schrecken aus und die Versuchung ist groß, aus den Staubkörnern der zerstörten Gottesvorstellungen das nächste Bild entstehen zu lassen. Doch der Versuch, Gott in einer „richtigen", ihn vollends begreifenden Vorstellung zu fassen, erreicht das Gegenteil. Je stärker ich danach trachte, ihn ganz zu erkennen, umso mehr entzieht sich mir das Begreifen an sich. Alle Möglichkeiten der geschaffenen Welt und ihr Angebot, über die Ähnlichkeit des Geschaffenen mit dem Schöpfer auf den Schöpfer selbst zu schließen, scheitern, scheitern ohne Ausnahme. Abbild und Urbild sind nicht dekkungsgleich. Im Raum dieses grenzenlosen Schweigens erfahre ich die Jahrhunderte alte Glaubensweisheit, „daß von Schöpfer und Geschöpf keine Ähnlichkeit ausgesagt werden kann, ohne daß dies eine größere Unähnlichkeit zwischen beiden einschlösse."[49]

Der Weg in das Schweigen ist lang. Es ist ein Weg des Hörens im Nichthören. Und es ist ein Weg, dessen größte Herausforderung beginnt, wenn das Ziel nahe herangekommen zu sein scheint. Denn nicht nur dem Schweigen muss standgehalten werden, auch der Müdigkeit und der selbstgenügsamen Verzagtheit, die sich zufrieden geben will mit dem kleinen Schweigen des spirituellen Anfängerglücks und dort nur allzu gern auf ewig stehenbleiben würde.

Lang ist der Weg des Schweigens und auf Dauer angelegt. Nicht nur, dass auf ihm die Gottesbilder zerfallen und alle Vorstellungen von Gott immer wieder aufgegeben werden müssen. Sobald die Wege halbwegs frei sind und der Blick sich klärt, beginnt sich ein seltsames Vexierbild nach und nach abzuzeichnen: Ich sehe das Bekannte und Gewohnte, das ich zu kennen glaube und welches mir mein Koordinatensystem liefert für das je eigene Gottesbild – menschlich, allzu menschliche Form, meinen Gott hineinzupassen. Und mehr noch: Ich bin das Bekannte und Gott das Fremde, das handhabbar zu machen einen Großteil meines Denkens und Betens in Anspruch nimmt. Oder? Ist er nicht der Andere, das Gegenüber, das, was außerhalb meiner Welt existiert, das vielleicht ja auch nur existiert, weil ich nach ihm suche?

Das Bild kippt, es ändert sich, es zeigt eine Art von rätselhaftem Ausblick ohne Horizont, ein Schwindel erregender Abgrund, der plötzlich hinter allen Bildern, hinter allem, was ist, kaum wahrnehmbar auftaucht. Als würden Schleier weggezogen, als löse sich eine Blindheit, die wie die weißen Flecken auf den Augen Tobits das wahre Sehen verhinderte. Es ist kein großes Licht, keine strahlende jubelnde Erleuchtung, nur ein stilles Erkennen in luzider Deutlichkeit: ER ist der Nicht-Andere, ich bin die Entfernte, die Fremde; ER der Urgrund, das Absolute, das Leben, der unendliche Gott, ich sein Abbild, sein Geschöpf; ER ist der, der ist aus sich selbst heraus, ich nur, weil ER es will. Was bleibt ist schweigendes Staunen: Reductio in mysterium – alles menschliche Wissen und Erkennen endet letztlich im unergründlichen Geheimnis, dass ER ist, dass Er da ist.

Weg zu einem unerreichbaren Ort

Abwesenheit ist
dein Wesen
darin finde ich dich
Die Nägel
meiner Sehnsucht
bluten vom Kratzen
an den Eismeeren
der Welt
Verkohlt ist die Sucht
meine Suche
in seiner Kälte
Aber da bist du
darin
seit das Kind schrie
bei den Schafen
und brennst
lichterloh
zu mir

Silja Walter[50]

Das Schweigen in der Klause hilft das Dunkel aktiv zu erwarten. Dieses Gottesdunkel, das den Atem stocken lässt und das zugleich die nach ihm schmerzhaft verlangende Sehnsucht anfacht wie Sturmböen die Flammen einer brennenden Scheune. Doch, er wäre nicht auszuhalten, dieser unendliche, dunkle Horizont, käme aus ihm nicht eine Gestalt entgegen, käme dem Menschen entgegen, mir entgegen. Eine Gestalt, an der Gottes Wesen sichtbar wird. Christus. Er ist der immer Ankommende und der immer Gegenwärtige zugleich.

„Das Wort, das Gott ist, ist Mensch geworden, ohne aufzuhören, Gott zu sein. Das Wort, das unendlich ist, ist endlich geworden, ohne aufzuhören, unendlich zu sein. Das Wort, das Gott ist, hat einen Leib aus Fleisch angenommen, um Mensch zu sein. Es hat, weil es Wort ist und als Wort Fleisch annahm, zugleich einen Leib aus Buchstaben, Schrift, Begriff, Bild, Stimme und Verkündigung angenommen, weil sonst die Menschen entweder nicht verstanden hätten, dass das Wort wirklich *Fleisch* geworden ist, oder dass diese Gottperson, die Fleisch geworden ist, wirklich das *Wort* ist."[51]

Die äußere Stille der Klause unterstützt und fördert das konzentrierte, alles los lassende Schweigen des inneren Menschen. In diesem Schweigen öffnet sich ein Weg zu dem Ort, an dem er gegenwärtig ist, er, der aus diesem unbegreiflichen, Furcht und Faszination gleichermaßen auslösendem Gottesdunkel – Mysterium tremendum et fascinosum – immer wieder, ewig ankommt. Der Weg des Schweigens führt in die Erfahrung, in das gläubige Erkennen und Wissen: Er, Christus, ist gegenwärtig in mir. Unbegreiflicher Wille Gottes, sich mit diesem schwachen Geschöpf zu verbinden. Unbegreifliche Liebe, die sich am Kreuz offenbart und durch das

Wohnung nehmen in mir mich befähigt, die Ausmaße, die das All ausmessenden Dimensionen seiner Hingabe für alle zu bestaunen. Dieser sich immer neu und tiefer erschließende Weg ist kein für wahr Halten eines theologischen Lehrsatzes in der Art und Weise intellektueller Durchdringung. Es ist ein Innewerden, eine existenzielle Erfahrung, die aber außerdem noch das für wahr Halten theologischer Lehrsätze von einer anderen Seite als der des Verstandes begreifen lehrt. Der Verfasser des Epheserbriefes beschreibt es so: „Durch den Glauben wohne Christus in eurem Herzen. In der Liebe verwurzelt und auf sie gegründet, sollt ihr zusammen mit allen Heiligen dazu fähig sein, die Länge und Breite, die Höhe und Tiefe zu ermessen und die Liebe Christi zu verstehen, die alle Erkenntnis übersteigt. So werdet ihr mehr und mehr von der ganzen Fülle Gottes erfüllt." (Eph 3,17–19)

Der gekreuzigte Christus ist die einzige Brücke aus dem Gottesdunkel hin zu mir. Sein bedingungsloses Hingeben sucht alles zu unterfangen, was aus der Einheit mit Gott wegstrebt. Und: Dies ist kein einmaliger Akt huldvoller Herablassung aus erhabener Größe gewesen. Mitten aus dem Gottesdunkel heraus erscheint es wie ein ernster Tanz, dieses kontinuierliche, beständige Kommen und Niederbeugen zum Menschen hin und dieses ständige Unterfangen seiner immer mehr und immer wieder sich entziehenden, weg drehenden, wegstehlenden Geschöpfe. Ein Tanz, in dem die Führung – unwissentlich – ausgeht vom Menschen, der eigentlich nicht tanzen will und dessen halsstarrige Abkehr mit unerbittlicher Barmherzigkeit (Balthasar) immer und immer wieder über – und eingeholt wird. Eingeholt von einem, der sich nicht zu schade ist, stets von neuem mit liebevoller Geduld um diesen Tanzpartner zu werben.

Im Raum eremitischer Spiritualität leitet der Weg des Schweigens den Eremiten so zur Erkenntnis der Herrlichkeit des Gekreuzigten. Einer Herrlichkeit, die das Innerste des Wesens Gottes offenbart. Eines in seinem Erbarmen grenzenlos guten Gottes, „der durch die Macht, die in uns wirkt, unendlich viel mehr tun kann, als wir erbitten oder uns ausdenken können, er werde verherrlicht durch die Kirche und durch Christus Jesus in allen Generationen, für ewige Zeiten. Amen.“ (Eph 3, 20–21)

Fremde sind wir

Für viele ist das am schwersten zu verkraften: Der Sarg ist in die Grube hinab gesenkt worden, der Weihrauch verflogen, nun tönt die letzte Fürbitte über Grab und Trauergemeinde: „Lasst uns auch beten für denjenigen, der als erster dem Verstorbenen vor das Angesicht Gottes folgen wird.“

Es ist dem Menschen von Kindheit an eigen, sich in der Welt, die ihn umgibt, möglichst dauerhaft einzurichten. Dieser Versuch ist unumgänglich; ohne ihn wäre erfülltes Leben nicht möglich. Und doch ist menschliche Existenz begrenzt, ist das irdische Leben endlich.

So notwendig dieses Einrichten in der Welt für die menschliche Existenz ist, so schnell kann daraus eine ängstliche Flucht vor der Realität dieser Begrenztheit werden. Martin Heidegger nennt es das alltägliche Fliehen, eine das „Un-zuhause „abblendende“ Abkehr“. Und nach seiner Einschätzung gehört dieses Fliehen zur wesenhaften Daseinsverfassung des In-der-Welt-seins, was in der Angst als einer menschlichen Grundbefindlichkeit sichtbar werde.[52]

Allein nur die sich durch Konsum kennzeichnenden Bestrebungen mit denen versucht wird, den dumpfen Grundton dieser Befindlichkeit in der Melodie des Lebens zu übertönen, lassen ahnen, wie groß die Angst vor der Wahrnehmung dieser Endlichkeit sein muss.

Für die Wüstenväter und -mütter der ersten Jahrhunderte war das Bewusstsein dieser Grenze, dieser Begrenztheit im Begriff der Fremdlingsschaft und im Status des Pilgers bestimmendes Element ihrer Spiritualität. Xeniteia und Peregrinatio ziehen sich wie ein unterirdischer Strom durch die Weisheitsworte der Apophthegmata patrum. In der gezielten Abkehr von der antiken Welt, dem „Kosmos" der ägyptischen und syrischen Ballungszentren, bauten die ersten Eremiten eine Anti-Welt, in der sie das Heil sicherer zu erlangen hofften. Wie sehr in ihrer Vorstellung die Erlösungstat Jesu für das Heil der Welt fehlt, zeigen unter anderem die Schriftstellen, die ihnen nachweislich als Richtschnur dienten. „In der Aufnahme der Jesus-Worte durch das Mönchtum der App patrum fehlt die positive Beziehung der Botschaft Jesu zur Welt, wie sie in den Geboten der Feindesliebe und des Friedensstiftens vorliegt. (...) Die Makarismen (Seligpreisungen, M.A.L.) als Heilsrufe für die mit Jesus Christus in diese Welt eingreifende, diese Welt wandelnde Gottesherrschaft sind der Mönchswelt der Wüste fremd. Es fehlt in ihrer Weitergabe des Wortes Jesu die Heilsankündigung für die Welt, wie sie die frühchristliche Gemeinde im Wort Jesu hörte."[53] „Nirgends wird über die Versöhnung „der Vielen" mit Gott in Christus gesprochen oder die Bedeutung von Kreuzestod und Auferstehung ausgelegt oder erwähnt."[54] Die Aussage des Johannesevangeliums im Anschluss des Gespräches mit Nikodemus scheint bei den ersten Eremiten – zumindest nach den Apophthegmata patrum – keinen Widerhall gefunden zu haben. Doch: „Gott hat die Welt so sehr geliebt, daß er seinen einzigen Sohn hingab, damit jeder, der an ihn glaubt, nicht zugrunde geht, sondern das ewige Leben hat." (Joh 3,16)

In der Zeit der frühen Kirche war der Begriff Welt durchaus mehrdeutig. Für die ersten Eremiten aber war das Schweigen zunächst Ausdruck des Fremdseins in dieser Welt und bestimmt von der Mahnung, sich nie und nirgends einzumischen. „Ein fremder Mönch soll sich in einem fremden Land in nichts einmischen, so wird er Ruhe haben."[55]

Manchem der Väter war diese Mahnung so wichtig, dass sie eher das Gebot der Nächstenliebe zurücksetzten als diese Haltung aufzugeben, wie es das Wort des Abbas Jakob zeigt: Es sei wertvoller Fremdling zu sein als Fremde aufzunehmen.[56] Was durchaus als Abwehr verstanden werden kann für Austausch und Gespräch – mögliche Meinungsverschiedenheiten inbegriffen –, die mit der Aufnahme von Gästen verbunden sind. Ähnliches ist von Abbas Tithoe überliefert, der die Peregrinatio, die Pilgerschaft definierte mit: „Dass der Mensch Gewalt habe über seinen Mund."[57]

Nicht zuletzt stand die Sorge im Hintergrund, selbst noch so tief in die ihre Gottesbeziehung hindernden Leidenschaften verfangen zu sein, dass nicht das trostvolle Wort oder der hilfreiche Rat den Gast beschenkt, sondern ihn nutzloses Geschwätz belasten und den Weg zu Gott behindern könne.

Ein anderer Zugang heute zu Xeniteia und Peregrinatio wäre denkbar im Rückgriff auf die Exodusgeschichte. Die hier erzählte Befreiung des Volkes Israel aus Ägypten und sein Weg ins Gelobte Land durch

Einsamkeit und Bedrängnis sind Bild und Vorentwurf der Erlösung. Wenn dieser Exodus zum paradigmatischen Bild, zum Topos geworden ist für das In-der-Welt-sein des Menschen, dann ist die vergegenwärtigende Erinnerung daran Aufweis der grundsätzlichen Xeniteia jedes Menschen. Ich bin fremd hier in dieser Welt, auch wenn eingebunden und sorgsam verankert in unterschiedlichen soziokulturellen Bezügen.

Die Heilige Schrift erinnert kontinuierlich daran, wenn sie zum Beispiel gerechten Umgang anmahnt: „Einen Fremden sollst du nicht ausbeuten. Ihr wisst doch, wie es einem Fremden zumute ist; denn ihr selbst seid in Ägypten Fremde gewesen." (Ex 22,20; 23,9) Mehr noch: „Wenn bei dir ein Fremder in eurem Land lebt, sollt ihr ihn nicht unterdrücken. Der Fremde, der sich bei euch aufhält, soll euch wie ein Einheimischer gelten und du sollst ihn lieben wie dich selbst; denn ihr seid selbst Fremde in Ägypten gewesen." (Lev 19,33–34)

Dass dieses Fremdsein in der Frühzeit des Volkes nicht nur als appellative Erinnerung berichtet wird, zeigt das Gebot, Grundstücke nur für eine begrenzte Zeit zu verkaufen. „Das Land darf nicht endgültig verkauft werden; denn das Land gehört mir und ihr seid nur Fremde und Halbbürger bei mir." (Lev 25,23)

Auch bei den Verfassern der neutestamentlichen Schriften findet sich dieses Thema. Paulus schreibt von seiner zuversichtlichen Hoffnung, „... auch wenn wir wissen, dass wir fern vom Herrn in der Fremde leben, solange wir in diesem Leib zu Hause sind; denn als Glaubende gehen wir unseren Weg, nicht als Schauende. Weil wir aber zuversichtlich sind, ziehen wir es vor, aus dem Leib auszuwandern und daheim beim Herrn zu sein. Deswegen suchen wir unsere Ehre darin, ihm zu gefallen, ob wir daheim oder in der Fremde sind ..." (2 Kor 5, 6–9). Der Verfasser des ersten Petrusbriefes weist auf den Zusammenhang hin zwischen Gebet und dem Wissen des Fremdseins, der im Alltag sichtbar werden soll. „Und wenn ihr den als Vater anruft, der jeden ohne Ansehen der Person nach seinem Tun beurteilt, dann führt auch, solange ihr in der Fremde seid, ein Leben in Gottesfurcht." (1 Petr 1,17; 2,11).

Fremde sind wir und Fremde bleiben wir. Das Schweigen macht es, manchmal schmerzhaft, aber immer deutlich klar. Zugleich aber ist das Schweigen eine Möglichkeit, die vielleicht sogar einzige Möglichkeit, mit der der Mensch von sich aus den Boden bereiten kann, um die Stimme zu hören, die ihn ruft und lockt und zieht und leiten will aus der Fremde des irdischen Lebens hier hin bis in das ewige Zuhause.

5. Resümee

Magisch, mythisch, witzig, weltfremd

Er sei nicht mehr wie ein Mensch gewesen, beschreibt Selma Lagerlöf (1858–1940) ihren Eremiten. Kein Lebender heute könne sich vorstellen, wie bemoost, vertrocknet, knorrig und schwarz dieser alte Heidebewohner ausgesehen habe.

„Die Haut lag so stramm über Stirn und Wangen, daß sein Kopf fast einem Totenschädel glich, und nur an einem kleinen Aufleuchten tief in den Augenhöhlen sah man, daß Leben darin war. Die vertrockneten Muskeln gaben dem Körper keine Rundung; der emporgestreckte, nackte Arm bestand nur aus ein paar schmalen Knochen, die mit verrunzelter, harter, rindenähnlicher Haut überzogen waren. Er trug einen alten, eng anliegenden schwarzen Mantel. Er war braungebrannt von der Sonne und schwarz von Schmutz. Nur sein Haar und sein Bart waren licht, hatten sie doch Regen und Sonnenschein gebleicht bis sie dieselbe graugrüne Farbe angenommen hatten wie die Unterseite der Weidenblätter.“[58]

Die Beschreibung könnte gut auf einen der Wüstenväter passen, von denen der Historiker Jacques Lacarrière so ausgiebig wie fasziniert berichtet hat. Hatto der Eremit, so erzählt die Lagerlöf in ihrer Legende vom Vogelnest, lebt als heiliger Mann am Flussufer gegenüber einem Dorf und betet das große Gebet seines Lebens. Selber ein Verfolger der Menschen gewesen, einer der gequält und misshandelt hat, ist auch ihm ein übergroßes Maß an Verfolgung und Qual widerfahren. Das lässt ihn nun zu Gott beten mit der ganzen Glut seines Herzens, lässt ihn bitten um das Jüngste Gericht. „Er rief die posaunenblasenden Engel an, die das Ende der Herrschaft der Sünde verkünden sollten. Er rief nach den Wellen des Blutmeeres, um die Ungerechtigkeit zu ertränken. Er rief nach der Pest, auf daß sie die Kirchhöfe mit Leichenhaufen erfülle."[59]

Während der fromme Mann in Fiebervisionen und schauerlichen Gesichten versunken ist, beginnen fast unbemerkt Bachstelzen in einer seiner erhobenen Hände ihr Nest zu bauen. Zuerst irritiert, dann widerwillig neugierig, sieht Hatto bald einen Wink Gottes darin. „Jetzt glaubte er herausgefunden zu haben, was es bedeuten konnte, daß die Bachstelzen ihr Nest in seiner Hand bauten; Gott wollte, daß er mit erhobnen Armen betend dastehen sollte, bis die Vögel ihre Jungen aufgezogen hatten. Vermochte er dies, so sollte er erhört werden."[60] Seinem Körper durch Hunger, Schlägen, ausdauerndem Knien und Schlafentzug eisernen Gehorsam aufgezwungen, ist Hatto im Stande, am Ufer stehenzubleiben, das Nest Tag um Tag unverwandt empor zu halten und so die Erhörung seiner Bitte um die Vernichtung der Welt zu erzwingen. Doch nach dem Schlüpfen der Jungen stört ihr aufdringliches Gepiepse seine Gebete. Hatto senkt den Arm, schaut in das Nest und staunt und es erfasst ihn eine bislang unbekannte Liebe zu diesen Schutzlosen. Seine Gebete kommen zögerlicher, er sucht Ausflüchte, um wenigstens diese hilflosen, kleinen Vögelchen vor dem Untergang zu retten.

„Vielleicht, wenn man es recht bedachte, hielt Gottvater diese Erde wie ein großes Vogelnest in seiner Rechten, und vielleicht hatte er Liebe zu denen gefasst, die dort wohnen und hausen, zu allen schutzlosen Kindern der Erde. Vielleicht erbarmte er sich ihrer, die er zu vernichten gelobt hatte, so wie sich der Eremit der kleinen Vögel erbarmte."[61]

Als die Jungen das Nest verlassen, wartet Hatto, erfüllt von der Bitternis seiner Einsamkeit, auf das Dröhnen der Posaunen des Jüngsten Gerichts. Doch nichts geschieht, nur ein kleiner Lichtstrahl der Erkenntnis durchzuckt seinen verwirrten Kopf. Hatte er nicht seinen Arm gesenkt, um in das Nest zu schauen, immer wieder gesenkt, um diese kleinen und schutzlosen Wesen zu bestaunen? Umflattert von der Bachstelzenfamilie nickt er lächelnd jemandem zu, den er nicht sehen kann, und sagt: „Ich hielt mein Wort nicht, und so brauchst du auch deines nicht zu halten."[62] Und es ist ihm, als würden die Berge aufhören zu zittern und als lege sich der Fluss in seinem Bett zur Ruhe.

Die Legende vom Vogelnest zeigt nicht nur die schriftstellerische Zeichenkunst der schwedischen Nobelpreisträgerin des Jahres 1909, die mit fast unerschöpflicher Phantasie einen mythisch anmutenden Sieg des Guten über das Böse beschwört. Die Helden ihrer Romane, Erzählungen, Legenden und Kunstmärchen tragen immer auch irgendwo Züge alter nordischer Sagengestalten. Lagerlöfs Eremit, dem Leser klar als heiliger Mann vorgestellt, dessen Gebete an Gottes Thron Gehör finden, erscheint allerdings eher wie eine antike Rachegestalt und weniger als christlicher Nachahmer eines heiligen Abbas Antonios. Sicher ist die Figur überzeichnet. Doch spiegelt sich in ihr eine der

Vorstellungen wider, die zum Thema Eremit in den Köpfen der Menschen auftauchen: Einsiedler sind religiöse Olympioniken, streng, menschenfeindlich, von einer fast übermenschlicher Härte sich selbst und anderen gegenüber. Und ihre radikale Lebensweise hat mit dem Alltag des Normalchristen nichts zu tun. Allenfalls um eine vermutete äußerste Konsequenz des christlichen Glaubens abschreckend zu verdeutlichen.

Das andere Extrem bezeugen die arkadischen Bilder eines Moritz von Schwind (1804–1871). Als typischer Vertreter der deutschen Romantik atmen die stimmungsvollen Szenen seiner Eremiten das Flair einer aller weltlichen Sorge enthobenen Idylle: Das Rehlein und das Hündchen sind zu sehen und malerische Felsentäler, in deren Mitte fromme, ihre Pfeife rauchende Männer mit Kutte und Bart sitzen. Der Totenkopf, der auf den Schwind'schen Werken zum Interieur der Klausen gehört, dürfte nostalgischer Reminiszenz zu verdanken sein und dem Betrachter wohl kaum ernsthaft einen Impuls zu christlicher Umkehr vermittelt haben. Einsiedler als Menschen, die sich – der Welt und ihrer Anforderung, sie zu gestalten und vor allem christlich zu prägen – entziehen, um sich einer sorgenlosen, selbstgenügsamen mithin egoistischen Frömmigkeit zu widmen. Der protestantische Märtyrer Dietrich Bonhoeffer ist auf diesem Hintergrund für den evangelischen Bischof Wolfgang Huber folgerichtig eher ein Heiliger als irgendein Einsiedler. „Seine Angst in der Haft, seine Depression, seine Wut – jemand, der diese unterschiedlichen Seiten des Lebens bejaht, ist für mich eher ein Vorbild im Glauben als jemand, der sich davon weit entfernt und als Eremit in der Einöde lebt.“[63]

Vorstellungen dieser Art bestimmen das Bild vom Menschen in der eremitischen Lebensform. Ein Bild, das sich je nach Herkunft magisch, mythisch, idyllisch, skurril und manchmal einfach nur witzig generiert.

Die Quintessenz

Klischees aber helfen nicht weiter. Allgemein verbreitet und mit sehr vereinfachender Botschaft besetzt, treffen sie bei dem, der sie liest oder hört, meist auf ein unbewusstes, unreflektiertes Wunschbild, das die Botschaft nicht nur aufnimmt, sondern zu bestätigen scheint. Ob es die Vorstellung ist, Gott durch mein Gebet quasi zu zwingen mit den Ungläubigen oder Lauen endlich abzurechnen oder der Traum von einer sorgenlosen, romantischen Idylle: Klare Erkenntnis über eremitisches Leben, vor allem in der Gegenwart, ist so nicht zu gewinnen. Weiterhelfen kann nur eine Besinnung auf die Grundlagen.

Eremiten gehören zusammen mit den Virgines consecratae, den Gott geweihten Jungfrauen[64] zu den ersten Lebensformen, mit denen die Nachfolge des Jesus von Nazareth beginnt als konsequentes und radikal gelebtes Zeugnis christlichen Lebens im Rahmen der evangelischen Räte. Die Bandbreite der aus diesem Anfang erwachsenen Lebensformen wuchs über die Jahrhunderte zu einer heute fast unübersehbaren Vielfalt: Nachfolge in einer faszinierend bunten Fülle als besondere Berufung, die Taufgnade radikal zur Entfaltung zu bringen. Entgegen der Meinung früherer Jahrhunderte sprach das II. Vatikanum nicht mehr von einem Stand des vollkommenen Lebens, sondern definierte die Nachfolge in den drei Räten als eine charismatische Berufung. „Ein derartiger

Stand ist, in bezug auf die göttliche, hierarchische Verfassung der Kirche, kein Zwischenstand zwischen dem der Kleriker und dem der Laien. Vielmehr werden in beiden Gruppen Christgläubige von Gott gerufen, im Leben der Kirche sich einer besonderen Gabe zu erfreuen und, jeder in seiner Weise, ihrer Heilssendung zu nützen."[65]

Jede Nachfolge wurzelt in der Taufe, sie ist *das* Lebenssakrament des Christen. Durch sie hineingenommen in das Geheimnis der Menschwerdung Gottes in Jesus Christus, in sein Leben und Leiden, seinen Tod und seine Auferstehung ist der Christ auch hineingenommen in den innertrinitarischen, liebenden Austausch des dreieinigen und dreifaltigen Gottes. Die Taufe verändert so grundsätzlich die Beziehung des Menschen zu Gott. Der Weg wird frei für die tiefe Gemeinschaft mit ihm, auf die der Mensch von Beginn der Schöpfung an geschaffen wurde. Das Heilsgeschehen in Jesus Christus aber ist nicht ein einmaliger Akt, der dem Menschen quasi statisch etwas hinzufügt. Im Gegenteil dynamisch ist er wie ein Kern, „... der sich immer mehr Menschen und immer mehr Lebenswirklichkeit anverwandelt. Die Taufe ermöglicht es, mit diesem Kern, Jesus Christus in seiner Person und mit seiner Geschichte, zusammenzuwachsen (vgl. Röm 6,5) und an seinem Leben Anteil zu gewinnen. Einem authentischen Verständnis der in Röm 5 beschriebenen Stellvertretung zufolge drängt das „für uns" des Lebens, Sterbens und Auferstehens Jesu danach, zu unserem Sein „mit Christus" und „in Christus" zu werden. Die Taufe ist der Ort, an dem das „für uns" zum „mit ihm" und „in ihm" wird. In diesem Sinn kann in der Taufe Heil *geschehen*, weil sich in ihr Menschen gläubig für das in Christus gegebene Heil öffnen."[66] Es ist ein Prozess, der in diesem Leben hier beginnt, aber erst nach dem Tod sein letztes Ziel, die volle, ungetrübte, schleierlose Gemeinschaft mit Gott erreichen wird. Ein Prozess aber auch, der allen Getauften die Fähigkeit schenkt, das Ausmaß der eigenen Gebrochenheit und das daraus erwachsende, von Gott erneut Trennende zu erkennen, und sich dem Herrn immer wieder neu zuzuwenden, umzukehren. Das Mitsterben mit Christus in der Taufe setzt den Getauften frei. Es schenkt ihm eine nicht mehr rückgängig zu machende Verbindung mit Christus und die Möglichkeit, in einer persönlichen, unvertretbaren Eigenverantwortung diese Freiheit in seinem Leben sich auswirken zu lassen, besser: durch die je individuell gestaltete liebende Antwort auf den Ruf Gottes diese Freiheit zu leben.

Hineingenommen in die irdisch nicht begreifbare und doch real begonnene Gottesgemeinschaft wird so auch das Ungenügen und die Vorläufigkeit menschlich-irdischer Gemeinschaftsformen deutlich; die tiefe innere Einsamkeit des Menschen wird sichtbar. Unabweisbar offenbar wird dies im Augenblick des Todes. Hier steht jeder allein, alle irdisch erfahrbare menschliche Gemeinschaft endet. Die Suche des Menschen nach dem ewigen Zuhause, nach der nicht mehr zu zerstörenden Gottesgemeinschaft findet an ihr Ziel.

Ausdruck, ja irdisch realisierter Weg dieser Suche und vorzüglicher Ort der liebenden Suche Gottes nach dem Menschen und des Menschen sehnsüchtige Antwort ist das Gebet.

„Im Neuen Bund ist das Beten die lebendige Beziehung der Kinder Gottes zu ihrem unendlich guten Vater, zu seinem Sohn Jesus Christus und zum Heiligen Geist. (...) Das Leben des Gebetes besteht somit darin, daß wir immer in Gegenwart des dreimal heiligen Gottes und in Gemeinschaft mit ihm sind. Diese Lebensgemeinschaft ist stets möglich, da wir durch die Taufe mit Christus *eins* geworden sind. Das Gebet ist christlich, insofern es Gemeinschaft mit Christus ist und sich in der Kirche, dem Leib Christi, ausweitet. Es ist umfassend wie die Liebe Christi."[67]

Es gilt für alle Getauften unabhängig von Geschlecht, Alter und Stand: Im neu geschenkten, freiheitlichen In-Christus-sein als Einzelner mit Christus und durch ihn dem Vater in liebender Hingabe zu antworten im demütigen Bewusstsein der eigenen Gebrochenheit, aber mit unerschütterlichem Vertrauen auf seine Güte trotz des Wissens und der Erfahrung der unheilen und vom Bösen angefochtenen Welt. Man könnte es als die Quintessenz des christlichen Lebens bezeichnen. Als Wesentliches, als das Eigentliche. Aus ihm erwächst die reiche, vielfältige Ausgestaltung, die je individuelle Antwort des Christen in und für die Kirche in ihren vielfältigen Vollzügen. So wie dem menschlichen Auge das Sonnenlicht als weiß erscheint und doch in ihm das ganze Spektrum der Regenbogenfarben enthalten ist, so ist in jeder Form der Nachfolge Jesu diese Quintessenz, das Eigentliche des Christlichen irgendwie in mehr oder weniger großen Anteilen enthalten. Diese Quintessenz aber in radikaler Konsequenz zeichenhaft zu leben ist die Berufung des Eremiten.

Identität und Kampf

Kein Eremit gleicht dem anderen. Jeder hat seine Geschichte, hatte seinen ganz eigenen Anweg zum eremitischen Leben, prägt und gestaltet Gebetsleben,

Tagesablauf, Kontakte und die Arbeit für den Lebensunterhalt individuell. Der Versuch, diese Lebensform in ihrer tiefen Bedeutung zu erkennen und sie wahrhaftig zu leben, kann Jahre dauern. Auch im Eremiten selbst leben Klischees, die erkannt und ausgemerzt werden müssen. Der Weg zu authentischer Identität als Antwort auf den an ihn ergangenen Ruf bedeutet für den Einsiedler, sich Gott beständig, in einem lebenslangen Prozess auszusetzen. Sich Gott auszusetzen und sich selbst. Und dies in der Gemeinschaft aller Getauften, in der Kirche zu tun. Der geistliche Kampf, der unweigerlich mit diesem sich Aussetzen verbunden ist, ist der Kampf, zu dem jeder Mensch aufgefordert ist. Der Eremit kämpft ihn nie für sich allein, sondern immer auch in einem stellvertretenden Akt und zeichenhaft für alle. Doch dieser Kampf ist paradox. Denn der Eremit muss seine ganze Kraft dazu einsetzen, diesen Kampf zu verlieren. Damit Christus siegt in allem. „Denn alles, was von Gott stammt, besiegt die Welt. Und das ist der Sieg, der die Welt besiegt hat: unser Glaube. Wer sonst besiegt die Welt, außer dem, der glaubt, dass Jesus der Sohn Gottes ist?" (1Joh 5,4f.)

Eremiten sind Menschen, die zu leben versuchen, wie der Mensch vor Gott ist: klein, schwach, angefochten und voll tiefer Sehnsucht nach Sinn, nach Heil, nach Gott. Ihr Leben ist keine romantisch-trügerische Verklärung einer trauten Zweisamkeit mit dem Schöpfer des Universums. Die Erfahrung der Gebrochenheit von Welt und Menschheit lässt sie nicht als selbstherrliche Richter auftreten, denn sie selbst sind ein Teil von Welt und Menschheit. Die Schwere der Kämpfe und das Ausmaß ihrer Schwäche verführt sie nicht zu bitterem Selbsthass oder lähmender Resignation, denn der Ruf Gottes, ihm in die Wüste der inneren Einsamkeit zu folgen, birgt eine Verheißung, die alles übertrifft, was Menschen sich nur wünschen können.

Eremitisches Leben führt von der Fülle der Möglichkeiten, die sich dem Menschen heute bieten hin zu der klaren Entscheidung für *einen* Lebenssinn. Es führt aus der Vielfalt der Gedanken zur Einfalt des Herzens, zur Ausrichtung der ganzen Existenz auf *den Einen.*

Aus dem verwirrenden Spektrum der Lebenshilfe- und Sinndeutungsangebote leitet es zu dem einen, wahren, alles hervorbringenden und alles im Sein erhaltenden Ursprung, dem liebenden, unendlich guten Gott. Dieses Leben ist nicht die Krönung aller Lebensformen im Rahmen der evangelischen Räte, sondern eher das Fundament; es ist keine höher zu bewertende Weise der Nachfolge, sondern die Quintessenz, ohne die es nicht möglich ist, die Nachfolge des Mensch gewordenen Gottes in Jesus Christus zu leben.

Sich in dieser Lebensform auszusetzen heißt, die kaum zu begreifende Freiheit zu leben versuchen, die dem Menschen in der Taufe geschenkt wird. Einer Freiheit, die das Dasein immer auch als ein „riskiertes Dasein" begreifen lässt, das sich in jedem Augenblick als versuchtes Dasein vorfindet und erfährt. (Bernhard Casper)

Riskiertes Dasein – ein Begriff, bei dem im Hintergrund das Bild der Mosegruppe wieder auftaucht: das Bild dieses riesigen Trosses aus Frauen, Männern und Kindern, der sich mit Rindern, Ziegen und Schafen durch Steppe, Sand und sengende Hitze schleppt, einen scheinbar unendlichen Weg in ungewisse Zukunft vor Augen. Einen Weg, der formt, ja umformt und damit öffnet und fähig macht für die unfassbare Gewissheit, dass Gott Gemeinschaft, Beziehung, ja eine persönliche und liebende Beziehung zum Menschen will.

Gesellschaftlich und wirtschaftlich sind Eremiten mehr oder weniger irrelevant. Und meistens ist ihr betendes Leben nur dem Ortspfarrer und der unmittelbaren Nachbarschaft bekannt. In einer Welt, in der Konsum und Leistung oberste Priorität haben, erscheint ihr Leben als rückwärtsgewandter Egoismus, als fromm ummänteltes Single-Dasein oder gleich als eine sinnlose Dummheit. Doch ihr Leben ist – erkannt und verstanden oder nicht – ein Zeugnis für das grundsätzliche Umfangen-Sein von Welt- und Heilsgeschichte durch die Gnade Gottes. Es ist ein permanenter, 24-stündiger Versuch, in freier Entscheidung auf dieses Heilshandeln Gottes mit Ja zu antworten. Raum der Ermöglichung dafür ist die durch Gott initiierte und gelenkte Konfrontation des Menschen mit sich selbst in der Stille, in der Zurückgezogenheit, in Buße und in beständigem Gebet. Es ist ein Leben, das sich im Bewusstsein der tiefen Verbundenheit aller ganz klar als ein Dienst versteht. Ein Dienst zum Lob Gottes und zum Heil der Welt.

Anmerkungen

1 Michael Schneider, Aus den Quellen der Wüste. Die Bedeutung der frühen Mönchsväter für eine Spiritualität heute. Edition Cardo XCI, Köln 2002, 19.

2 ebenda, 19.

3 ebenda, 19.

4 Patrick Süskind, Das Parfüm. Die Geschichte eines Mörders, Zürich 1985, 156f.

5 Ich verdanke diese Ausführungen Zoran Leskovac, SOLITUDO. Erfahrung und Ort der Einsamkeit von der griechisch-römischen Antike bis 1000, Lizentiatsarbeit, München 2001.

6 Alfons Deissler, Die Psalmen, Ps 90–150, Düsseldorf 1965, 27.

7 Peter Wust, Brief vom 29.3.1937, Briefe und Aufsätze, Gesammelte Werke IX, Münster [2]1959, 155.

8 Thomas Merton, Der Berg der sieben Stufen. Die Autobiographie eines engagierten Christen, Zürich [8]1990, 441f.

9 Iris Mandl-Schmidt, Biographie – Identität – Glaubenskultur. Zur Entwicklung religiös-spiritueller Identität am Beispiel Thomas Mertons, Mainz 2003, 164.

10 Brief Mertons vom 21. August 1967, aus: Thomas Merton, Zeiten der Stille, ausgewählt, herausgegeben und erläutert von Bernhardin Schellenberger, Freiburg 1992, 119f.

11 Jacques Lacarrière, Die Gottesnarren. Aus dem Leben der Wüstenväter, Innsbruck 2004, 182. Lacarrière war kein Theologe, sondern Historiker. Sein Buch über die Wüstenväter erzählt in schillernder und durchaus polarisierender Weise vom Leben in der Wüste zurzeit der ersten Eremiten. Gisbert Greshake bemerkt dazu in seinem Vorwort: „Kirchliche und gnostische Askese (letztere schon damals heftigst gerügt) fließen in der Darstellung oft unterschiedslos ineinander, als ob es zum gesamten Asketentum gehört hätte, die Welt als eine ‚von Gott verdammte zu betrachten ...'" Die Zitate aus La-

carrières Texten dienen hier unter anderem als Beispiel für den Grundton vieler Klischees, die bis heute über Eremiten in Umlauf sind.

12 Weisung der Väter, Apophthegmata patrum, übersetzt von Bonifaz Miller, Trier [7]2005.

13 Karl Suso Frank, Angelikos Bios, Beiträge zur Geschichte des alten Mönchtums und des Benediktinerordens, Münster 1964, 63.

14 Apophthegmata patrum, 906.

15 ebenda, 9.

16 Karl Rahner, Was heißt Auferstehung? Meditationen zu Karfreitag und Ostern, Freiburg 1985, 43.

17 ebenda, 21.

18 Patrick Hart/Jonathan Montaldo, Thomas Merton. Der Mönch der sieben Stufen. Ein Leben in Selbstzeugnissen, Düsseldorf 2000, 265.

19 Süddeutsche Zeitung vom 31. Januar 2007.

20 Susan Sontag, Das Leiden anderer betrachten, München 2005, 50.

21 ebenda, 86.

22 Paul Virilio, Die Eroberung des Körpers. Vom Übermenschen zum überreizten Menschen, Frankfurt 1996, 116.

23 DIE ZEIT vom 19.Mai 2004.

24 Serge Bonnet/Bernard Gouley, Gelebte Einsamkeit. Eremiten heute, Freiburg 1982, 20.

25 s. Anmerkung 11, 168.

26 Gisbert Greshake, Vorwort zu: Jacques Lacarrière, Die Gottesnarren. Aus dem Leben der Wüstenväter, Innsbruck 2004, 8.

27 Apophthegmata patrum, 8.

28 ebenda, 314.

29 ebenda, 758.

30 s. Anmerkung 1, 83.

31 DIE ZEIT vom 9.11.2006; http://zeus.zeit.de/text/2006/46/Unterbrechungen.

32 Patrick Roth, Riverside, Christusnovelle, Freiburg 1996, 48.

33 ebenda 48f.

34 GuL 28/1955, 360–373

35 ebenda, 366.

36 ebenda, 367.

37 ebenda, 371.

38 Fairy von Lilienfeld, Spiritualität des frühen Wüstenmönchtums, Gesammelte Aufsätze 1962–1971, Erlangen 1983, 18f.

39 ebenda.

40 vgl. die Apophthegmen 7, 65, 389, 390, 486.

41 Jakobus Kaffanke (Hg.): Zu den Quellen. Die Spiritualität der Wüstenväter und des hl. Benedikt. Tagungsberichte der Katholischen Akademie der Erzdiözese Freiburg, Freiburg 1997, 33f.

42 ebenda, 34.

43 Gabriel Bunge, Irdene Gefäße. Die Praxis des persönlichen Gebetes nach der Überlieferung der Väter, Würzburg [3]1999, 169.

44 Apophthegmata patrum 91.

45 DIE ZEIT, Der Fluch der Unterbrechung.

46 Apophthegmata patrum: Zum Begriff Schweigen zählen die App 44 Rhemata, zum Begriff Nächster 95, wobei es Überschneidungen gibt mit den Begriffen vergeben, urteilen.

47 Apophthegmata 340.

48 Thomas Merton, Das Zeichen des Jonas, Einsiedeln 1954, 345.

49 Josef Neuner/Heinrich Roos, Der Glaube der Kirche in den Urkunden der Lehrverkündigung, Regensburg [13]1992, 176.

50 Silja Walter, Abwesenheit ist dein Wesen, aus: Georg Langenhorst, Gedichte zur Gottesfrage, Texte-Interpretationen-Methoden, München 2003, 213.

51 Hans Urs von Balthasar, Verbum Caro. Skizzen zur Theologie I, Einsiedeln 1960, 159.

52 Martin Heidegger, Sein und Zeit, Tübingen 1986, 189.

[53] s. Anmerkung 38, 22.

[54] ebenda, 23.

[55] Apophthegmata patrum 50.

[56] ebenda, 395.

[57] ebeda, 911.

[58] Selma Lagerlöf, Die Legende vom Vogelnest, aus: Weihnachtsgeschichten, München 2007, 98f.

[59] ebenda, 97.

[60] ebenda, 102.

[61] ebenda, 105.

[62] ebenda, 106.

[63] Rhein-Zeitung vom 4. Februar 2006.

[64] vgl. Canon 604 Codex Juris Canonici.

[65] Lumen Gentium, 43.

[66] Eva-Maria Faber, Einführung in die katholische Sakramentenlehre, Darmstadt 2007, 81.

[67] Weltkatechismus 2565.

Coverbild: Paul Gauguin, Vision nach der Predigt oder Jakobs Kampf mit dem Engel,1888.

Eine gute und sehr ausführliche Interpretation bietet: Gundolf Winter, Jakobs Kampf mit dem Engel. Eine Kunst-Monographie, Frankfurt/Leipzig [1]1992.

Sehen und doch nicht sehen

Zum Coverbild von Paul Gauguin

Paul Gauguins Bild irritiert. Auf den ersten und vielleicht auch auf den zweiten Blick ist die „Vision nach der Predigt oder Jakobs Kampf mit dem Engel“ verwirrend, merkwürdig oder sogar bestürzend. Auffällig ist zunächst: Dem Betrachter glüht ein durchgehend zinnoberroter Hintergrund entgegen. Eine große Gruppe weißhaubiger Frauen und ein einzelner Mann rahmen ihn ein und sind in verschiedener Form und Intensität auf einen Punkt, einen Platz hin ausgerichtet, auf dem zwei miteinander rangelnde Gestalten zu sehen sind. Dazu ein Baum, der das Bild von links oben nach rechts unten teilt, eine zu klein geratene Kuh, schwache Lichtspuren.

Paul Gauguin malte dieses Bild 1888 als eine Form seines künstlerischen Programms, knapp 40-jährig und fünf Jahre, nachdem er sich entschlossen hatte, als freier Maler zu leben. Ab 1886 hatte er sich in Pont-Aven niedergelassen, einem kleinen Dorf in der Bretagne, das jedes Jahr überschwemmt wurde mit einer Springflut an Malern aller Nationalitäten. Gauguins künstlerisches Bestreben suchte einen neuen Weg, Wirklichkeit wiederzugeben. Die bis dahin sich in Detail genauer Zeichnung abmühende Malerei versuchte Wirklichkeit darzustellen in der immer perfekteren konkreten Abbildung der Dinge. Gauguin ging es um eine neue Sicht. Mit seinem Bild ‚Vision nach der Predigt oder Jakobs Kampf mit dem Engel' bahnt er einer neuen Auffassung die Spur.

Wer sich dem Prozess stellt, der innerhalb des Bildes geschieht und in den der Betrachter hineingezogen werden soll und hineingezogen wird, vollzieht die neue Sicht unmerklich mit.

Es beginnt links oben. Drei Frauen mit großen weißen Hauben – bretonische Bäuerinnen in ihrer traditionellen Tracht – sitzen still, die Hände ruhen untätig im Schoß. Das vollbelaubte Geäst der angedeuteten Baumkrone scheint sie vom Platz der Kämpfenden fast zu trennen. Auch die vor ihnen laufende Kuh signalisiert eine Distanz zum Paar auf der rechten Seite. Obwohl der Titel des Bildes einen religiösen Innenraum assoziiert mit den Stichworten der Predigt und der alttestamentlichen Schriftstelle, lassen Körperhaltung und Position der Bäuerinnen eher an den entspannten Aufenthalt in freier Natur denken. Verfolgt man ihren Blick in gerader Linie nach rechts hinüber, so sehen sie genau über die Kämpfenden hinweg. Der sogenannte Augenpunkt der Figuren liegt hoch.

Während bei diesen Figuren die Gesichtszüge nur zu ahnen sind, ist eine individuelle Mimik bei der nächsten Dreiergruppe darunter schon stärker ausgeprägt. Auch die Körperhaltung – sie knien mit gefalteten Händen – lässt eher an eine Kirche, an Gottesdienst oder Andacht denken. Ähnlich wie bei der Frauengruppe am oberen Rand sind auch ihre Gewänder fast gleich, wie schablonisiert, nur die Hauben zeigen individuelle Züge. Ihre Blicke aber sind gesenkt; der Augenpunkt geht nach unten. Nur die Figur ganz außen schaut auf die erste Frau der Personengruppe, die sich am unteren Bildrand befindet und leitet so den Prozess der Bildwahrnehmung weiter.

Die Frauen der ersten beiden Dreiergruppen sind einem Sehen, einem ganz bestimmten Wahrnehmungsprozess verhaftet. Sie sehen und sehen doch nicht. Erst die Frauen am unteren Rand des Bildes stehen für eine andere, für eine „neue" Sehweise, dessen Wegbereiter Gauguin mit seiner Malerei werden wird.

Das Objekt der Anschauung – Jakobs Kampf mit dem Engel – entsteht durch die Worte des Predigers, des Geistlichen rechts außen. Betrachtet man das nur halb zu sehende Profil mit der Tonsur, die geschlossenen Augen, den Mund, der – so scheint es – , leise spricht, darf vermutet werden: seine Predigt ist eindringlich, sein Sprechen meditativ, eigenes Erleben und eine zutiefst geistlich durchdrungene Wortwahl fallen in eins. Das, was er predigt, entsteht als Bild in seinem Inneren, entsteht als Vergegenwärtigung und Deutung des Lebens.

Die vier Frauen am unteren Bildrand zeigen diesen Vorgang des neuen Sehens in verschiedenen Phasen.

Die Frau außen links und der Prediger ähneln in ihren Haltungen. Die gut zu erkennenden Gesichtszüge mit den geschlossenen Augen deuten den Sehvorgang als einen inneren Prozess. Das Wort der Schrift entsteht als „Vision" lebendig und kraftvoll im Herzen des Menschen. Die Leitidee des Bildes heisst somit: Sehen bedeutet nicht das Wiedererkennen eines Gegenstandes, sondern Einsehen, Einsicht in das, was als Wesentliches, als eigentlich Sehenswertes wahrgenommen werden muss. Die beiden äußeren Figuren stehen quasi in einer Zeigefunktion und leiten zur wichtigsten Aussage und damit zum wichtigsten Lernziel des Bildes hin.

Die nächste Figur, die zweite Bäuerin von links, zeigt, dass die Wahrnehmung des Wesentlichen, die Einsicht in das, was hinter den Dingen liegt, ohne Verinnerlichung, ohne das In-sich-hinein-Sehen nicht möglich ist. Denn trotz des konzentrierten und wachen Schauens versperrt ihr der Baum wie eine Barriere die Sicht auf die Kämpfenden. Den beiden letzten Figuren dann eröffnet sich der Blick auf das „Andere", auf das, was hinter allem liegt und in den Kämpfenden auf rotem Grund sichtbar wird. Sie verkörpern „reines Sehen, damit jenes Sehen, das den Unterschied von Sehen nach außen und Sehen nach innen, den Unterschied von Begriff und Anschauung, von Elementarem und Situationalem, Sakralem und Profanen nicht kennt, damit jenes für das Ersehen der Vision notwendige, selbstvergessene, ursprüngliche Sehen" geschieht. (Winter, S. 114)

Alle Figuren des Bildes sind auf den einen Punkt, den Platz mit den Kämpfenden ausgerichtet. Gauguin wählte reines Zinnoberrot als Hintergrund. Rot – die Grundfarbe, die in der Farbsymbolik von alters her Synonym für Leben und den Lebensgrund ist, für Leidenschaft, Blut und Kampf, für Liebe und Hingabe. Die Kämpfenden verstärken die Aussage des Bildes durch ihre Farben ebenfalls: Den Engel malte Gauguin in einem intensiven Ultramarin, kostbarster Blaufarbstoff seit dem Mittelalter und als Color caelestis, als Farbe des Himmels und der Unbegreiflichkeit, Unfassbarkeit Gottes gedeutet und farbsymbolischer Ausdruck jahrhundertelangen Kampfes um Gotteserkenntnis und Gottesbeziehung. Mit der weiteren Grundfarbe Gelb für die Flügel steht der Engel in intensivster Verbindung zum Urgrund, zur Hintergrundfarbe Rot.

Jakob, der in diesem Kampf nicht zu siegen scheint, besteht aus den Farben des Engels: Blau und Gelb gemischt ergibt ein Grün, dessen dunkle Intensität im Original besser zum Vorschein kommt als in den farbschwächeren Drucken.

Die Kampfszene als Punkt, auf den alle Figuren ausgerichtet sind, ist Bild und Vision des Lebenskampfes an sich. Paul Gauguin malte damit nicht nur seine eigenen, kämpferischen Bestrebungen um eine neue Sichtweise, einen neuen Weg der Malerei. Die „Vision nach der Predigt oder Jakobs Kampf mit dem Engel" spiegelt auch nicht nur seine schwierigen Lebensphasen mit teils großen finanziellen Nöten wieder. Mit seinem Bild weist Gauguin hin auf den Urgrund allen Lebens, auf das, was in Schöpfung und Kultur, in allen Bereichen der Menschheits- und Weltgeschichte als das Wesentliche erkannt werden muss: Der Kampf um das Woher und Wohin, um das Wozu dieses unbegreiflich großen, schillernden, berauschend schönen und erschreckenden Daseins, das als Geschenk begriffen werden darf und dessen Urheber, dessen Schöpfer gesucht und geliebt werden muss, auch oder vielleicht gerade im Kampf.

Am Ende seines Lebens lebte Gauguin enttäuscht und verbittert auf den Marquesas-Inseln in der Südsee. 1903 verfasste er seine letzte autobiografische Schrift unter dem Titel: „Avant et après". Als eine Art Vorwort schrieb er:

Zum Weinen zum Lachen
zum Sterben zum Leben
zum Leiden zur Freude
in secula seculorum

Maria Anna Leenen

Literatur zum Eremitentum in Auswahl

Apophthegmata patrum, Weisung der Väter, übersetzt von Bonifaz Miller, Trier ⁷2005.

Martirij Bagin und Andreas-Abraham Thiermeyer (Hgg.), Meterikon. Die Weisheit der Wüstenmütter, Augsburg 2004.

Maria Anna Leenen, Einsam und allein? Eremiten in Deutschland. Münster ²2006.

Schimonach Ilarion, Auf den Bergen des Kaukasus. Gespräch zweier Einsiedler über das Jesus-Gebet, übersetzt und mit einem Vorwort versehen von Bonifaz Tittel, Salzburg 1991.

Jacques Lacarrière, Die Gottesnarren. Aus dem Leben der Wüstenväter, mit einem Vorwort von Gisbert Greshake, Innsbruck/Wien 2004.

Serge Bonnet und Bernard Gouley, Gelebte Einsamkeit. Eremiten heute, Freiburg/Basel/Wien 1982.

Anne Jensen, Gottes selbstbewusste Töchter, Münster 2003.

Jakobus Kaffanke (Hg.), Die Spiritualität der Wüstenväter und des hl. Benedikt. Tagungsberichte der Katholischen Akademie der Erzdiözese Freiburg, Beuron 1997.

Ders. (Hg.), „Neige das Ohr deines Herzens!“ Gebet und Meditation bei den Wüstenvätern, Tagungsberichte der Katholischen Akademie der Erzdiözese Freiburg, Beuron 1999.

Ders. (Hg.) „... weil sie mehr liebte.“ Frauen im frühen Mönchtum. Tagungsberichte der Beuroner Tage für Spiritualität und Mystik, Beuron 2002.

Nancy Klein Maguire, In der Stille vieler kleiner Stunden. Fünf Kartäuser-Novizen auf der Suche nach Gott, München 2007.

Raimund von der Thannen, Seele sucht Ruhe. Gedanken aus der Einsiedelei, Innsbruck 2008.

Gabriel Bunge, Irdene Gefäße. Die Praxis des persönlichen Gebetes nach der Überlieferung der heiligen Väter, Würzburg ³1999.

Ders., Drachenwein und Engelsbrot. Die Lehre des Evagrios Pontikos von Zorn und Sanftmut, Würzburg 1999.

Evagrios Pontikos, Über die acht Gedanken. Eingeleitet und übersetzt von Gabriel Bunge, Würzburg 1992.

Michael Schneider, Aus den Quellen der Wüste. Die Bedeutung der frühen Mönchsväter für eine Spiritualität heute. Studien des Patristischen Zentrums KOINONIA-ORIENS, Köln ³2002.

Ders., Theologie des Schweigens, Studien des Patristischen Zentrums KOINONIA-ORIENS, Köln 2005.

Karl Suso Frank, „Die selige Synkletike wurde gefragt". Vita der Amma Synkletike, Weisungen der Väter Band 5, Beuron 2008.

Ders., Angelikos Bios, Beiträge zur Geschichte des alten Mönchtums und des Benediktinerordens Heft 26, Münster 1964.

Ders., Grundzüge der Geschichte des christlichen Mönchtums, Darmstadt 1975.

Fairy von Lilienfeld, Spiritualität des frühen Wüstenmönchtums. Gesammelte Aufsätze 1962–1971, Quellen und Studien zur orthodoxen Theologie Band 18, V, Erlangen 1983.

Gisbert Greshake, Spiritualität der Wüste, Innsbruck 2002.

Eremitisches Mönchtum, in der Reihe der Cistercienser Chronik, 84, Nr. 137 (1977-3), Ausgabe der Zisterzienser in Mehrerau, A-6903 Bregenz.

François de Muizon, Dans le secret des ermites d'aujourd'hui, Montrouge 2001.

Marie Le Roy Ladurie, Femmes au Désert, Paris/Fribourg 1971.

Eve Baker, Path in solitude, St Pauls (UK) 1995.

Eremiten im Internet

http://www.beslotentuin.nl

Niederländische Kluis onze lieve Vrouwe van de Beslotentuin

http:// www.ukrainische-kirche.de/Ordensschwestern/schwester_michaela.htm

Eremitin der ukrainisch-orthodoxen Exarchie

http://www.wachstums-impulse.de/nikodem.html

Österreichischer Eremit Bruder Nikodem Röösli

http://www.solitaries.org.uk/index.html

Freundeskreis der Eremiten in Großbritannien

http://rmitte.free.fr/index.html

Eremit in Frankreich, Frère Francois ermite

Website mit Diskussionsforum

http://www.hermitary.com

Website mit internationalen Eremiten verschiedener Glaubensrichtungen und Konfessionen, reichem Angebot an Texten und Informationen, Diskussionsforum.

http://www.ravensbreadministries.com

Amerikanische Website für Eremiten des Anglo-amerikanischen Raums.

http://www.maria-anna-leenen.de

http://www.einsam-und-allein.net

http://www.eremiten-in-deutschland.de

Gesamtherstellung: Aschendorff Druck und Dienstleistungen GmbH & Co. KG, 2009
Gedruckt auf säurefreiem, alterungsbeständigem Papier ♾
ISBN 978-3-402-12811-4

Einsiedler in Deutschland werden häufig nur als fromme Abenteurer wahrgenommen, von ihrem betenden Dienst berichten Medien kaum. Doch diese neue Form des eremitischen Lebens, die im Verborgenen aufgebrochen ist, erfährt seit Jahren eine langsam wachsende Aufmerksamkeit. Eremiten in Deutschland sind Menschen, die sich nicht als anachronistische Exoten verstehen. Ihr Leben des Gebetes ist zeichenhafte Existenz, die auch aufmerksam macht auf Defizite in Kirche und Gesellschaft. In Teil I lassen sechs Porträts, ein Interview, ein Brief und zwei Kurzberichte den Leser an diesem eremitischen Leben teilhaben. Teil II umreißt die Spiritualität unnd zeigt die Entwicklung der kirchenrechtlichen Anbindung der Eremiten auf.

Maria Anna Leenen, *Einsam und allein.* Eremiten in Deutschland, TB, 144 Seiten, Aschendorff Verlag, Münster 2006, ISBN 978-3-402-00235-3, 9,80 €.